Frank Krause

Männerdämmerung

W0065959

FRANK KRAUSE

Männerdämmerung

AUF DEM WEG ZU WAHRER
IDENTITÄT UND STÄRKE

GLORYWORLD-MEDIEN

1. Auflage 2010

© 2010 Frank Krause

© 2010 GloryWorld-Medien, Bruchsal, Germany

Bibelzitate sind, falls nicht anders gekennzeichnet, der Elberfelder Bibel, Revidierte Fassung von 1985, entnommen.

Weitere Bibelübersetzung: [LU84]: Luther Bibel, Revidierte Fassung von 1984.

Das Buch folgt den Regeln der Deutschen Rechtschreibreform. Die Bibelzitate wurden diesen Rechtschreibregeln angepasst.

Lektorat/Satz: Manfred Mayer

Illustrationen: Rainer Zilly, www.kreativ-agentur-zilly.de

Umschlaggestaltung: Kerstin & Karl Gerd Striepecke, www.vision-c.de

Foto: istockphoto

Druck: Schönbach-Druck GmbH, Erzhausen

Printed in Germany

ISBN: 978-3-936322-42-2

Bestellnummer: 359242

Erhältlich beim Verlag:

GloryWorld-Medien
Postfach 41 70
D-76625 Bruchsal
Tel.: 07257 903396
Fax: 07257 903398
info@gloryworld.de
www.gloryworld.de
oder in jeder Buchhandlung

INHALT

PROLOG

Der Begriff **Götterdämmerung** geht zurück auf die *germanische Mythologie*. Die Götter reiben sich dort gegenseitig in einem großen Kampf auf, und in der Folge geht die Welt in Flammen auf. Allerdings geht aus diesem Untergang und Chaos eine neue Ordnung hervor. Ein neues Gleichgewicht wird gefunden und damit eine neue Welt geboren aus der Asche der alten. In diesen Sagen findet sich die ewige Wahrheit wieder, dass es kein Neues geben kann, ohne dass Altes vergeht. Allerdings wird auch deutlich, dass die alten Götter und ihre Ordnung nicht kampflos gehen. Ohne Konflikt, Chaos und tief greifende Auseinandersetzungen kann es keine Erneuerung geben. Das ist der Punkt, vor dem viele Männer zurückschrecken. Sie warten lieber weiter zu und schieben „Dienst nach Vorschrift", den sie zwar ehrlich gesagt ziemlich „öde" finden, aber um des „lieben Friedens willen" weiter bedienen, auch wenn ihr Herz darüber einschläft und sie sich selbst verraten.

Männer, die sich nicht trauen, ihre Welt in den Brand zu stürzen, der unweigerlich ausbricht, wenn sie sich aufmachen, sich selbst zu finden, sie selbst zu werden und nicht nur eine Marionette der Erwartungen anderer zu sein – auch wenn diese religiöser Natur sein mögen –, korrumpieren sich selbst und in der Folge verachten sie sich auch selbst. Männer, die nicht wissen, wer sie sind und was sie wollen, Männer, die an sich verzweifeln und ihre Selbstachtung verloren haben, gibt es viele. Sie verstehen nicht, wie sie das Leiden an ihrem desolaten Zustand *nutzen* können für einen Prozess der Transformation. Um dieses Wort wird es im ersten Teil dieses Buches gehen.

Viele Männer sind also tief in sich selbst durchaus verzweifelt genug und vom Leben ausreichend enttäuscht, aber aufzustehen, zu kämpfen und den großen Konflikt zu riskieren, das wagen sie dann doch nicht. Wie sollen sie eine solche Revolte auch angehen, und wer hilft ihnen dabei, damit sie nicht nur jede Menge Geschirr zerschlagen, ohne dabei zu einer anderen Ebene von Mannsein durchzubrechen? Also geben sie sich damit zufrieden, die alten Wege hier und da ein wenig aufzuhübschen, noch sicherer und bequemer zu machen, jedoch nicht, sie zu *verlassen*. Sie wollen nichts *Grundsätzliches* verändern und sich keinem schmerzlichen Prozess der Verwandlung aussetzen, der ihre Welt womöglich auflösen würde zugunsten einer neuen Ordnung aus der Asche der alten. Und sie wissen ja noch nicht einmal, wie diese neue Ordnung aussehen soll. Sie werden lieber dekadent und backen „kleine Brötchen". Der Traum von Größe und Fülle wird auf Eis gelegt oder auf das Jenseits verschoben.

Jedoch haben einige Männer entdeckt, dass gerade im Schmerz und Feuer die *einzige Hoffnung* liegt auf ein verwandeltes und herrlichkeitstaugliches Leben. Nach Jahren und Jahrzehnten des bemühten Angepasstseins an die Vorgaben der Systeme, in denen sie leben, haben sie der erschütternden Wahrheit ins Auge sehen müssen: Die Zukunft ist nicht in dem, was sie haben und schon kennen, sondern in dem, was sie nicht haben und nicht kennen. Sie ist nicht im gewohnten Gestern beheimatet, sondern im unbekannten Morgen angesiedelt und ruft von dort aus nach ihnen, sich aufzumachen ins Unbekannte, so wie Abraham einst von Gott berufen wurde, aus seiner Heimat aufzubrechen in ein Land, das er nicht kannte, sondern das Gott ihm erst dann zeigen würde, *wenn er aufbrechen* und losgehen würde. Das klingt so recht nach Risiko. Mutet Gott uns etwa Risiken zu?! Haben wir von ihm nicht immer nur das eine gewollt: Sicherheit? Der Weg in die Zukunft, die nicht nur die Verlängerung des Gestern ins Morgen ist, sondern eine umfassende Verwandlung und Neuordnung aller Dinge, erschließt sich nur denen, die ihn betreten. Das erfordert Mut und Glauben. Eigentlich sind das wunderbare und für Männer attraktive Eigenschaften, aber die alten Götter verlangen von den Männern, dass sie ihren Glauben und Mut bitteschön nur dafür einsetzen, das Alte und Gehabte zu erhalten, aber nicht, es zu *überwinden*.

In christlichen Kreisen sprechen wir natürlich nicht von alten Göttern. Es sind damit aber auch in den Mythen die *Bilder* gemeint, die wir uns von Gott bzw. den Göttern machen und von den „Altvorderen" gelernt haben. Diese Bilder in Frage zu stellen, ist der erste Schritt auf dem Weg einer *Revolution*, in der es um mehr geht als um die Optimierung und Modernisierung des Gehabten. Das Gehabte, also den Status quo in Frage zu stellen, ist der Beginn des Aufstandes, den es braucht, um eine neue Ordnung zu finden, die mehr Hoffnung auf ein Leben in Freiheit, Bedeutung und Würde trägt als die bekannte Routine, die kaum mehr als Langeweile zu bieten hat, weil sich ewig das Gleiche wiederholt.

Aber erst dann ist es wirklich Revolution, wenn die Verzweiflung über die Fruchtlosigkeit des alten Weges so groß geworden ist, dass man sich mit Gewalt davon losreißt. Revolution ist dann gekommen, wenn Menschen mit Esther angesichts des beschlossenen Untergangs sprechen: *„Komme ich um, so komme ich um!"* und entschlossen aufstehen, um den Weg des Risikos zu gehen. Transformation und Revolution sind keine Begriffe, in denen es um Nebensächlichkeiten geht, aber der gewohnte Weg in der Hauptsache beibehalten wird. Transformation und Revolution lassen nichts, wie es ist, sondern füllen neuen Wein in neue Schläuche.

Nach über zwanzig Jahren im geistlichen Dienst und vielen Jahren in der Männerarbeit habe ich keinen Zweifel daran, dass die Zeit der **Männerdämmerung** gekommen ist. Die Wehen sind schon lange deutlich zu spüren. Bei einer Geburt geht es ohne Blut und Schreien nicht ab, so auch nicht, wenn Männer laut werden, um selbst geboren zu werden, heraus aus einer dekadenten Ordnung, die ihnen nichts mehr zu bieten hat, sondern sie beengt und einschnürt bis zur Agonie, wie der Mutterleib ein übertragenes Kind. Wie ein Neugeborenes die Welt, in die es mit der Geburt eintritt, nicht vergleichen kann mit der Welt, aus der es gerade kommt, so müssen Männer durchbrechen zu jener neuen Welt, die nicht wieder genauso ist wie die alte, sondern wirklich anders. Genau zu diesem Aufbruch ruft Gott in der „Heiligen Schrift" unentwegt auf, und wir finden dort zahlreiche Beispiele für Männer, Familien und ganze Völker im Aufbruch heraus aus alten Ordnungen und Wegen hinein in neue. Sie gingen dabei immer wieder Wege, die eigentlich menschenunmöglich waren und nur mit jenem Glauben zu bewältigen waren, der sich nicht mehr umdreht nach dem Alten und den anderen, sondern entschlossen ins Unbekannte marschiert, komme was wolle. Dort wurden all die Wunder erlebt, die wir in der Schrift lesen und bei denen wir uns insgeheim fragen, warum sie eigentlich heute nicht mehr geschehen. Aber sie geschehen heute genauso wie damals. Gott hat sich nicht verändert. Er ruft noch immer dazu auf, im Glauben die Grenzen der Routine und Gewohnheit zu überschreiten und das scheinbar Unmögliche zu tun. Wunder vollziehen sich an denen, die den Weg gehen, der ohne Wunder nicht möglich ist.

In dem vorliegenden Buch mache ich Mut zum Aufbruch. Da ich selber aufgebrochen bin, kann ich einige Hinweise geben auf den Weg der Verwandlung, der zu gehen ist.

Dieses Buch ist nichts für Männer, die nur nach einer Rückversicherung dafür suchen, dass ihr konservativer Weg der richtige war, ist und immer sein wird. Es richtet sich nicht an Männer, die lediglich nach Richtig und Falsch fragen, sondern nach Leben und Tod. Die Frage ist weniger: „Wie mache ich alles richtig?" als vielmehr: „Wie werde ich lebendig?" Ich bin überzeugt, wir alle könnten sehr viel lebendiger sein, als wir es sind, und Jesus zielt mit der Aussage „Ich lebe und ihr sollt auch leben!" (vgl. Joh 14,19) wohl genau darauf ab. Er sendet uns keine Dogmatik und kein Gesetzbuch, damit wir bloß „alles richtig machen", sondern seinen Geist, der uns lebendig macht. *Wir sollen leben bis zum Äußersten*, ja, bis es uns aus allen Poren fließt. Wie wunderbar!

Im Folgenden behandle ich eine Reihe von Themen, die für den Aufbruch ins Leben wesentlich sind. Auch einige Leute in der Bibel, die in überragender Weise überwunden haben – oder sich geweigert haben –, werde ich betrachten, da sie uns wertvolle und ewig-gültige Beispiele dafür geben, wie auch für uns Männer von heute der Prozess der Verwandlung und Revolution aussehen kann.

Nachdem mir sowohl Emmerich Adam – siehe Nachwort – wie auch meine Frau dazu geraten haben, Fragen an die Kapitel anzufügen, damit die Leser dadurch eine Hilfestellung erhalten, wie sie das Gelesene für sich anwenden können, habe ich das getan und danke für die Anregung. Ein Tipp gleich vorneweg: Sätze, die beim Lesen ins Auge springen und wichtig werden, anstreichen und nach dem Kapitel noch einmal anschauen mit der Frage, warum gerade diese Worte wichtig wurden.

Die Fragen, die das ganze Buch begleiten, sind:

- Was bin ich bereit, mir eine *wirkliche* Veränderung an Zeit, Aufwand oder Verzicht kosten zu lassen?

- Mit wem kann ich darüber sprechen? Gibt es jemanden, der in der Lage ist, mir *zuzuhören,* und mich nicht gleich mit Ratschlägen „zutextet"?

- Gibt es *Gefährten* auf dem Wege? Männer, die mit mir auf dem gleichen Weg der Verwandlung und Revolution sind?

Frank Krause

TEIL I: TRANSFORMATION

Wenn nun jemand in Christus ist,
so ist er eine neue Schöpfung;
das Alte ist vergangen,
siehe, Neues ist geworden.

2. Korinther 5,17

KAPITEL 1

Verwandlung

Ich stehe an einem weiten Feld. Der Acker ist beeindruckend leblos und öde. Kein Halm und kein Blatt ist zu sehen, nichts Grünes auf dem Feld, so weit mein Auge reicht. Der Boden ist verkarstet und schlickig. Er sieht so schwarz aus, als wäre Kohlenstaub darauf gefallen. Er scheint schon vor langer Zeit abgeerntet und dann sich selbst überlassen worden zu sein und liegt nun verwahrlost unter einem diesigen, trüben Himmel einfach da. Die Stimmung in der Atmosphäre ist erfüllt von Resignation und Hoffnungslosigkeit wie am grauesten Herbsttag, den man sich vorstellen kann. Ich möchte den Kragen hochschlagen und bloß schnell weitergehen. Da aber sagt eine Stimme zu mir: „Dies ist das Feld der Männer."

Wir alle aber schauen mit aufgedecktem Angesicht die Herrlichkeit des Herrn an und werden so verwandelt in dasselbe Bild von Herrlichkeit zu Herrlichkeit, wie es vom Herrn, dem Geist, geschieht (2 Kor 3,18).

Das heute oft gehörte Wort „Transformation" bedeutet „Verwandlung". Der obige Text in 2. Korinther 3 spricht davon, dass wir in das Ebenbild Christi verwandelt werden. Derjenige, der uns in dieses Bild verwandelt, ist der Heilige Geist. Es sind nicht fromme Veranstaltungen, Predigten, Bücher, Andacht, Bibellese usw., die uns in dieses Bild verwandeln. Solche Dinge sind möglicherweise gute Hilfsmittel, aber wir dürfen uns nicht täuschen und die Hilfen mit dem Eigentlichen verwechseln, was uns wirklich verwandelt. Der Heilige Geist alleine ist in der Lage, uns in eine *Begegnung* mit Christus zu führen, die uns nicht dieselben bleiben lässt. Wir dürfen unsere Hoffnung und Erwartung nicht zu sehr auf die angebotenen Hilfsmittel setzen und zu wenig auf den, der uns tatsächlich in die alles verwandelnde Begegnung mit Jesus selbst zu führen vermag – von Angesicht zu Angesicht, von Herrlichkeit zu Herrlichkeit. Das ist eine sehr spannende und dramatische Angelegenheit voll großartiger spiritueller Erfahrungen und Erlebnisse.

Verwandlung ist wirklich keine geringe Sache, und sie kann nicht unbemerkt bleiben. Denken wir nur einmal daran, wie eine Kaulquappe sich in einen Frosch verwandelt. Das eine Tier lebt im Wasser, das andere geht ans Land. Und doch ist es dasselbe Tier. Es durchläuft eine Metamorphose, die seine Gestalt und sein Leben vollkommen verändern. Genauso verhält es sich mit der Verwandlung in das Bild Christi. Auch mit allem nur denkbaren religiösen Aufwand können *wir* uns nicht in das Bild Christi verwandeln. Nur der Heilige Geist kann das tun. Dabei können wir weder darüber bestimmen noch kontrollieren, wie er das macht, sondern wir müssen *vertrauen*. Haben wir uns zu diesem Vertrauen entschlossen, welches der Anfang des Wandels mit Gott ist, werden wir einen Weg geführt, der ein Geheimnis ist und zu einer neuen Geburt unserer Selbst führt.

So wie uns niemand erklären kann, was in einer Schwangerschaft in der Verborgenheit des Mutterleibes wirklich vor sich geht und wie sich dieses neue Leben dort drinnen bildet und entfaltet, so kann uns auch niemand bis ins Letzte das Wunder der geistlichen Geburt erklären. Die Gemeinde kann uns auf dem Weg beistehen und Mentoren können uns helfen, aber der Weg des Geistes ist und bleibt ein Geheimnis und offenbart sich nur dem, der im Vertrauen die alten Sicherheiten loslässt und an der Hand Gottes einen Weg beschreitet, der über die Grenzen menschlicher Möglichkeiten und Machbarkeiten hinausgeht. Allerdings neigen insbesondere Männer dazu, Geheimnisse lieber aufzulösen und „alles zu wissen", als einfach zu vertrauen. Da fühlen sie sich besser und haben das Gefühl der Kontrolle. Scheinbar hat auch die Gemeinde alle Geheimnisse des Geistes und Glaubens gelüftet und klärt uns nun bis ins letzte Detail darüber auf, was wir zu tun und zu lassen haben, um „richtig" zu sein und Gott zu gefallen. Uns wird gesagt, wie wir uns im Gottesdienst zu benehmen haben, was wir anziehen und wie lang unsere Haare sein dürfen, damit wir „christlich aussehen". Uns wird vermittelt, wann und mit welchem Gebet und Andachtsbuch wir morgens aufstehen und wann wir abends zu einer „christlichen Zeit" ins Bett gehen sollen, welche Veranstaltungen der Kirche wir die Woche über zu besuchen haben, mit welchen Leuten wir uns in einem Hauskreis treffen werden, die jetzt unsere von oben verordneten Freunde sind usw. Diese Darstellung ist bewusst etwas überzogen, um einen Punkt zu setzen. Der Punkt ist, dass es häufig um alles geht, nur nicht darum, wie wir verwandelt werden, obwohl genau dies das *eine* Ziel des Geistes mit uns ist.

Was dabei herauskommt, wenn wir den Weg des „Alles-richtig-Machens" anstatt der Verwandlung gehen, ist häufig nichts anderes, als dass wir lernen, eine fromme Rolle zu spielen und uns gewisse christliche Verhaltensweisen anzueignen, aber verwandeln kann uns das nicht. Wir bleiben dieselben. Diese Erkenntnis ist für viele Christen zum Verzweifeln. Sie haben viel darangesetzt, um Jesus Christus zu folgen und zu dienen, sind in die Gemeinde gegangen, haben „Stille Zeit" gemacht und alles Mögliche getan, was von ihnen verlangt wurde – nur, verwandelt wurden sie dadurch nicht. Sie haben noch immer keine neue Kraft, die es doch braucht, einen neuen Weg zu gehen. Sie haben noch immer keine neuen Augen, um den Herrn zu sehen. In ihrem Leben ist von „Herrlichkeit" nichts zu finden.

Die Frucht des Geistes aber ist: Liebe, Freude, Friede, Langmut, Freundlichkeit, Güte, Treue, Sanftmut, Enthaltsamkeit (Gal 5,22).

Wir können diese ganze Liste über die „Frucht des Geistes" durchgehen und Punkt für Punkt darüber enttäuscht sein, dass das eigene Leben trotz aller Mühe diese Frucht nicht hervorbringt, oder wir deuten die Frucht kurzerhand in eine rein humanistische Form dieser Eigenschaften um. Wollen wir allerdings das „Echte" haben, bleibt uns nur übrig, den Tatsachen klar ins Auge zu sehen: Es ist eben nicht die Frucht der eigenen Bemühungen, sondern die Frucht des Geistes, die sich von ganz alleine einstellt, wenn der Heilige Geist uns in das Bild Christi verwandelt. Denn die Frucht des Geistes ist ja nichts anderes als eine Auflistung der Eigenschaften Christi. Jesus ist so. Wir sind nicht so. Wie also können wir verwandelt werden von Leuten wie uns in Leute wie ihn?

Verwandlung ist nicht Veränderung. Zahllose Christen „arbeiten" an ihrer Veränderung. Sie wollen sich und ihr Leben mit Gottes Hilfe aufbessern und optimieren. Doch Gott scheint auf dieses Anliegen seltsam wenig zu reagieren. Er wird unentwegt angerufen, er möge doch helfen und unterstützen, das Leben mit all seinen Herausforderungen besser in den Griff zu bekommen. Aber er will uns gar nicht helfen, *unser* Leben mit seiner Hilfe besser geregelt zu bekommen, er möchte, dass wir *aufhören,* unser Leben zu leben, und anfangen, *sein* Leben zu leben. Das ist etwas ganz anderes, als Gott dazu zu bewegen, uns zu segnen. Unser Tun zu segnen und unser Lassen zu vergeben, scheint die einzige Aufgabe zu sein, die wir Gott in unserer modernen, humanistischen Kirche noch gelassen haben. Er aber will uns verwandeln.

Und der, welcher auf dem Thron saß, sprach: Siehe, ich mache alles neu. Und er spricht: Schreibe! Denn diese Worte sind gewiss und wahrhaftig (Offb 21,5).

Im Neuen Testament geht es nicht darum, Altes aufzupeppen, sondern abzulegen und dann Neues anzuziehen. Jesus sitzt auf dem Thron, das heißt, er hat die Autorität. Und er benutzt sie, um *alles neu zu machen.* Und er weist Johannes, dem er diese Worte mitteilt, an, eine Betonung auf diesen Punkt zu legen: „Dies ist *gewiss und wahrhaftig* …"

Wir finden diese Betonung auf das Ende des Alten und den Anfang des Neuen überall in der Schrift. Ein bekanntes Wort ist 2. Korinther 5,17:

Daher, wenn jemand in Christus ist, so ist er eine neue Schöpfung; das Alte ist vergangen, siehe, Neues ist geworden.

Dass das Reich Gottes zu uns kommt und alles beim Alten bleibt – das ist ganz unmöglich. Männer, die den Weg der Verwandlung in das Bild Christi gehen, die also einen Prozess tief gehender und umfassender Erneuerung durchlaufen, müssen der Möglichkeit ins Auge sehen, dass sie trotz aller Hilfsmittel, wie ich sie zu Anfang des Kapitels aufgeführt habe, mit dem Reich Gottes *nicht* in Berührung gekommen sind, den Heiligen Geist und sein Werk der Transformation *nicht* ausreichend verstanden haben und darum die Herrlichkeit der neuen Schöpfung *nicht* erleben.

Eines der größten Hindernisse auf dem Weg der Verwandlung besteht darin, dass Männer *meinen, sie wüssten* schon Bescheid. Sie schauen sich in der einen und anderen Gemeinde um, lesen das eine und andere Buch und meinen dann, genug gesehen und gelesen zu haben, um mitreden zu können. Jesus selbst aber haben sie zumeist nicht befragt, ob das, was sie sehen und lesen, auch wirklich das ist, wovon er redet, wenn er von der neuen Schöpfung, dem Reich Gottes und der Herrlichkeit Gottes spricht, zu der wir berufen sind. Meine Erfahrung in der Männer- und Gemeindearbeit hat mich immer wieder gelehrt, dass viele Männer wie die Kaulquappe in ihrem Tümpel sitzen und über das Froschsein philosophieren, ohne einer geworden zu sein. So ähnlich sitzen sie in ihren Vorstellungen über Gott und das geistliche Leben fest und sinnieren über das Reich Gottes, ohne es aus eigenem Erleben zu kennen.

Das Reich Gottes ist ja nicht eine Theologie, sondern die Kraft Gottes. Wo sie erscheint, geschieht Verwandlung: Da werden die Stummen zu Redenden, die Blinden zu Sehenden und die Lahmen zu Springenden. Da werden Tote lebendig und Schwache stark. Da werden Sünder zu Gerechten und Ängstliche sprechen: „Ich bin ein Held!" Da werden die Ersten zu Letzten und die Letzten zu Ersten. Da wird die Finsternis zu Licht und die Wüste zum Garten Eden. Da befreit ein 80 Jahre alter Mann namens Mose ein ganzes Volk aus der Hand des mächtigsten Mannes der alten Welt – dem Pharao. Und dort besiegt ein Hirtenjunge namens David einen Giganten namens Goliath.

Diese Auflistung ließe sich beliebig fortsetzen und mit vielen Bibelstellen belegen, die davon sprechen, dass Gott das Schicksal wendet und einen völlig neuen Ausgangspunkt schafft.

Darum ist das Evangelium die „gute Nachricht" davon, dass „das Reich Gottes nahe herbeigekommen ist". Und wie schon gesagt: *„Das Reich Gottes besteht nicht in Worten, sondern in Kraft",* wie uns in 1. Korinther 4,20 mitgeteilt wird. Diese Kraft erfüllt den Willen dessen, der auf dem Thron sitzt: Sie macht alles neu.

Ich weiß, für Männer ist diese Auflistung oben sehr interessant, weil es ihrem Wunsch entspricht, etwas Wirkliches und Wesentliches zu bewirken. Sie lesen in der Bibel über all die „Männer des Wunders", die „durch den Glauben Königreiche bezwangen, Gerechtigkeit wirkten, Verheißungen erlangten, der Löwen Rachen verstopften, des Feuers Kraft auslöschten, des Schwertes Schärfe entgingen, aus der Schwachheit Kraft gewannen, im Kampf stark wurden und der Fremden Heere zurücktrieben" (vgl. Hebr 11,33-34). Dann legen sie ihre eigene Glaubenserfahrung und Gemeindewirklichkeit daneben und kriegen das eine mit dem anderen nicht in Einklang. Wo ist die Kraft geblieben?! Die *Frage nach der Kraft* ist für jeden Mann eine sehr zentrale Frage. Männer wollen Kraft haben und etwas tun. Sie sind sehr interessiert an dem, was ihnen Kraft gibt, und andererseits wollen sie abstellen, was sie sinnlos Energie kostet. Jahrelang in einer immer gleich kraftlosen Mühle von Kirchlichkeit zu laufen, in der es nur um „seid nett zueinander" geht, ist für Männer extrem unattraktiv und scheint ausschließlich Kraft zu kosten, die man aber gerne „opfern" soll. Es kommt für jeden Mann der Moment, wo er es definitiv wissen will: Wo ist die Kraft, und wie bekomme ich sie? Und die Bibel lässt uns keinen Moment darüber im Unklaren:

Aber ihr werdet Kraft empfangen, wenn der Heilige Geist auf euch gekommen ist ... (Apg 1,8).

Jedoch wird der Heilige Geist uns zunächst verwandeln müssen in das *Bild* Christi, ehe wir mit seiner Kraft auch die *Werke* Christi tun können. Wir können nicht neue Kraft empfangen, ohne auch neue Menschen zu werden. Ermächtigung und Verwandlung gehen also Hand in Hand. Dies haben aber viele Männer nicht begriffen. Um im Bilde zu sprechen: Sie wollen die Macht haben, zu fliegen, ohne aber von Raupen in Schmetterlinge verwandelt zu werden.

Der ganze Dienst von Jesus fußt auf einem prophetischen Wort aus Jesaja 61, welches er zu seinem „Dienstantritt" in seiner Heimat-Synagoge in Nazareth zitiert (vgl. Lk 4,14-30). Dieser

Text ist eine einzigartige Beschreibung der transformatorischen Kraft des Evangeliums. Er beginnt mit der Erklärung, woher diese Kraft kommt: *„Der Geist des Herrn, HERRN, ist auf mir ..."* (Jes 61,1). Dies bestätigt unseren Ausgangstext in 2. Korinther 3, wo klar gesagt ist, dass es der Heilige Geist ist, der uns „von Herrlichkeit zu Herrlichkeit" verwandelt. Danach wird genau erläutert, was diese Kraft des Geistes bewirkt. Vers 3 sagt dazu Folgendes:

> *... um den Trauernden Zions Frieden, ihnen Kopfschmuck statt Asche zu geben, Freudenöl statt Trauer, ein Ruhmesgewand statt eines verzagten Geistes ...* (Jes 61,3).

Der Geist des Herrn ist auf Jesus, um *diese* Verwandlung zustande zu bringen. Eine gänzliche Verkehrung der Verhältnisse soll erzielt werden. Das Eine soll vergehen und das Andere soll werden. Das ist mehr als Veränderung, das ist Revolution. Diese Absicht eines göttlichen „Umsturzes" der herrschenden Verhältnisse ist dabei gar nicht vereinbar mit der verbreiteten Ansicht unter den Christen, dass Gott uns lediglich Kraft gibt, um in der Asche, Trauer und Depression *auszuhalten*. So wundert es nicht, dass die Synagoge von Nazareth nichts mit der revolutionären Ankündigung Jesu: „Heute ist diese Schrift vor euren Ohren erfüllt" (vgl. Lk 4,21) anfangen konnte. Sie hatten diese Worte aus Jesaja schon so oft gehört, ohne je ihre Kraft zu erleben, dass es ihnen völlig abwegig erschien, dass da einer auf einmal damit rechnete, dass diese Worte sich nun tatsächlich „erfüllen", das heißt, dass nun wirklich und faktisch geschehen sollte, was die Worte sagen.

Auch heute sind viele Kirchen sehr gut darin, alle Kraft aus dem Evangelium herauszupredigen und nur Worthülsen übrig zu lassen, die keinerlei Substanz und Nährwert haben. Diese gehen den Hörern zum einen Ohr rein und zum anderen wieder heraus. Sie sind für das wirkliche Leben vollkommen nutzlos, weil sie nicht die Kraft haben, es zu verwandeln. Was also sollen die Hörer damit anfangen? Heutzutage ist die wichtigste Eigenschaft einer Predigt, dass sie „kurz" ist. Da sie sowieso „nichts bringt", möge sie die Hörer wenigstens nicht durch übermäßige Länge quälen. Jesus predigte völlig anders. Seine Predigt brachte die *Kraft* auf den Plan, die die Worte *erfüllte*. Da spielte Zeit für die

Hörerschaft, die zu damaliger Zeit im Gegensatz zu heute vorwiegend aus Männern bestand, auf einmal gar keine Rolle mehr. Da wollten sie gar nicht wieder nach Hause gehen. Da überschlugen sich die Menschen geradezu, Jesus zu hören und ihn, wenn möglich, *zu berühren*, da Kraft von ihm ausging – die Kraft des Heiligen Geistes, das Wort Gottes zu erfüllen und *alle Dinge* zu verwandeln.

In einem kirchlichen Umfeld, in dem sich Woche für Woche, Monat für Monat und Jahr für Jahr im Großen und Ganzen nichts ändert, sondern alles seinen gewohnten Gang geht, haben es Männer schwer, den Weg der Verwandlung zu gehen, eben weil sich um sie her nichts wandelt. Sie müssen gegen den Strom der Routine schwimmen und gegen eine gepflegte Erwartungslosigkeit ankommen, die im Traum nicht davon ausgeht, dass Gott heute so dramatisch eingreifen könnte wie damals. Zu behaupten, dieser weit verbreitete Zustand der Kirche sei „biblisch" oder entspräche dem „Reich Gottes", ist nicht korrekt und bringt eine Menge Männer um das Eigentliche, um das es geht.

Im Folgenden gehe ich einmal das fünfte Kapitel des Lukasevangeliums durch, um dort Beispiel um Beispiel zu zeigen, wie die transformatorische Kraft des Evangeliums das Leben ganz verschiedener Männer grundlegend verwandelt hat. Dabei wird sehr deutlich, dass es sich nicht um eine bloße *Veränderung* der Betroffenen oder *Verbesserung* ihrer Umstände handelte, sondern um eine *Verwandlung* der Menschen und ihrer Verhältnisse.

Jesus brachte ihnen nicht lediglich eine sozial-diakonische Hilfestellung und freundliche Unterstützung mit Grüßen von der Gemeinde, sondern ein neues Leben. Los geht es mit der berühmten Geschichte der Berufung des Fischers Simon Petrus:

Als er aber aufhörte zu reden, sprach er zu Simon: Fahre hinaus auf die Tiefe, und lasst eure Netze zu einem Fang hinab! Und Simon antwortete und sprach zu ihm: Meister, wir haben uns die ganze Nacht hindurch bemüht und nichts gefangen, aber auf dein Wort will ich die Netze hinablassen. Und als sie dies getan hatten, umschlossen sie eine große Menge Fische, und ihre Netze rissen. Und sie winkten ihren Gefährten in dem anderen Boot, dass sie kämen und ihnen hülfen; und sie kamen, und sie füllten beide Boote, sodass sie zu sinken drohten.

Als aber Simon Petrus es sah, fiel er zu den Knien Jesu nieder und sprach: Geh von mir hinaus! Denn ich bin ein sündiger Mensch, Herr. Denn Entsetzen hatte ihn erfasst und alle, die bei ihm waren, über den Fischfang, den sie getan hatten; ebenso aber auch Jakobus und Johannes, die Söhne des Zebedäus, die Gefährten von Simon waren. Und Jesus sprach zu Simon: Fürchte dich nicht! Von nun an wirst du Menschen fangen.

Und als sie die Boote ans Land gebracht hatten, verließen sie alles und folgten ihm nach (Lk 5,4-11).

Männer, die nichts gefangen und vergeblich gearbeitet haben, fangen Fische bis zum drohenden Sinken mehrerer Schiffe! Jesus ist an diesem Tag ihr Hauptgewinn, der ihr *Verlierer-Schicksal* wendet. Männer, die sich selbst angesichts von diesem Wunder als „sündige Menschen" einschätzen, deren Leben doch wohl von einem Heiligen nicht berührt werden konnte, werden zu Berufenen, zu Menschenfischern und zu Aposteln. Erfolg, neue Identität, ein anderer Job – alles an *einem* Tag. Das ist so recht nach dem Geschmack von Männern! Das ist nicht nur eine „positive Veränderung", das ist Transformation und Revolution im Doppelpack. Hier kommt für Petrus die Stunde Null. Die „Reset-Taste" wird gedrückt und das Leben beginnt unter neuen Vorzeichen noch einmal von vorne. Für diese Fischer bricht mit Jesus ein neuer Tag an, eine neue Zeitrechnung. Nicht das alte Leben wird christlich angestrichen, um nun aus Petrus und seinen Kollegen „christliche Fischer" zu machen. Nein, hier bleibt buchstäblich nichts, wie es war. Sie *„verließen alles und folgten ihm nach ..."* Das liest sich so einfach. Besonders wenn wir diese „alten Geschichten" schon so oft gehört haben, dass sie uns nur noch ein Gähnen abgewinnen. Aber wenn wir uns nur einen Moment lang in Petrus und seine Männer hineinversetzen und uns einmal vorstellen, *wir* wären es, in deren *Alltag* unvermittelt Jesus so *definitiv* eintritt, dann verspüren wir vielleicht etwas von der tatsächlichen Brisanz dieser Begebenheit. Dann verstehen wir vielleicht auch etwas von dem „Entsetzen", welches Petrus angesichts der Ereignisse ergriff. Bis heute hat sich an der Lage von uns Männern nichts verändert: Solange uns das Reich Gottes nicht so tief trifft und bewegt wie damals Petrus und seine Leute, solange uns kein Erstaunen ergreift und uns buchstäblich auf die Knie wirft, sondern uns weiter das Alltagseinerlei einschläfert, während wir davon ausgehen, Gott hinge fernab unseres wirklichen Lebens in der Kirche ab, ist die Männerdämmerung für uns noch nicht angebrochen. Solange wir Gott aus unserem Alltag und unserer Arbeit raushalten und auf den frommen Sonntag in der heiligen Messe beschränken, sind wir noch die Kaulquappen im Tümpel und verstehen von der Realität des Evangeliums rein gar nichts.

Wenn das Reich Gottes auf den Plan tritt, bleibt nichts, wie es war. Da kommt Bewegung in die Routine und Farbe in das graue Alltagseinerlei. Hier wurde ein bis dahin völlig bedeutungsloses Leben zu einem Leben transformiert, welches in die Geschichte einging.

Und es geschah, als er in einer der Städte war, siehe, da war ein Mann voller Aussatz; und als er Jesus sah, fiel er auf sein Angesicht und bat ihn und sprach: Herr, wenn du willst, kannst du mich reinigen. Und er streckte die Hand aus, rührte ihn an und sprach: Ich will. Sei gereinigt! Und sogleich wich der Aussatz von ihm (Lk 5,12-13).

Hier wendet sich das Schicksal für einen aussätzigen Mann. Ein solcher Lepröser war seinerzeit „lebendig tot". Beherrscht von einer Krankheit, die ihn zu einem Außenseiter machte, zum entstellten „Zombie", siechte er ohne jede Hoffnung in einer Kolonie von Seinesgleichen einem elenden Ende entgegen. Was aus einem Menschen wird, der zu jedermann Abstand halten muss und verpflichtet ist „Aussatz, Aussatz!" vor sich her zu schreien, damit bloß keiner auch nur in seine Nähe kommen und sich womöglich infizieren würde, ist schwer vorstellbar. Ob irgendjemand von uns sich ausmalen kann, was es bedeutet, so *total isoliert* zu sein, wie dieser Aussätzige?

Nun, ehe wir abwinken, sollten wir uns die Klagen zahlloser Ehefrauen anhören, die wie im Chor ein Lied darüber singen können, dass ihr Mann so schrecklich unberührbar ist, sie nicht an sich ranlässt, ihr Herz vor ihnen verbirgt, ihnen nicht mitteilt, was wirklich in ihm vor sich geht und genau wie der Lepröse ständig nonverbal die Botschaft ausstrahlt: „Rühr mich nicht an! Lass mich in Ruhe! Lauf mir nicht hinterher!" Viele Männer sind an eine Menge Isolation gewöhnt und spielen sehr gekonnt die Nummer „einsamer Wolf". Und vielen wurde offenbar auch nicht beigebracht, wie das Wort „Kommunikation" buchstabiert wird. Ihr Aussatz ist nicht äußerlich, sondern innerlich. Dort, in ihrem Inneren, sind sie krank an Unberührbarkeit, ohnmächtig und verwirrt – und darum geneigt, jeden anzuknurren, der sich ihnen nähert.

Und „Jesus streckte die Hand aus und *rührte* ihn an: ‚Sei rein!'" Wieder liest sich dieser kleine Satz so schnell, dass uns vielleicht nicht bewusst wird, welche ungeheure Dramatik darin liegt. Mit dieser Berührung tat Jesus sowohl das Undenkbare als auch das Verbotene! Diese Worte waren es, die für den Aussätzigen die „Reset-Taste" auslösten und die Zeit auf Null drehten. Für den Mann wendete sich das grauenhafte Lepra-Schicksal, brach ein neuer Tag an und eine neue Identität wurde ihm zuteil: Er wurde vom Aussätzigen wieder zu einem menschlichen Individuum. In *einem* Moment. DAS nenne ich Transformation. Das nenne ich eine Revolution Gottes. Die Macht Gottes stürzte die Herrschaft der Krankheit um und befreite den Mann dazu, wieder ein Mensch zu sein. Großartig!

Solange Männer die *direkte* Berührung mit Jesus und seine Macht über ihren unheilbaren Zustand nicht erleben, solange sie nicht erfahren, dass Jesus für sie das „Undenkbare und Verbotene" tut, wird es keine Männerdämmerung geben und alles beim Alten bleiben.

Und es geschah an einem der Tage, dass er lehrte, und es saßen da Pharisäer und Gesetzeslehrer, die aus jedem Dorf von Galiläa und Judäa und aus Jerusalem gekommen waren; und des Herrn Kraft war da, damit er heilte. Und siehe, Männer bringen auf einem Bett einen Menschen, der gelähmt war; und sie suchten, ihn hineinzubringen und vor ihn zu legen. Und da sie nicht fanden, auf welchem Weg sie ihn hineinbringen sollten, wegen der Volksmenge, stiegen sie auf das Dach und lie-

ßen ihn durch die Ziegel hinab mit dem Bett in die Mitte vor Jesus. Und als er ihren Glauben sah, sprach er: Mensch, deine Sünden sind dir vergeben ... (Lk 5,17-20).

Und er sprach zu dem Gelähmten: Ich sage dir, steh auf und nimm dein Bett auf und geh nach Hause! Und sogleich stand er vor ihnen auf, nahm auf, worauf er gelegen hatte, und ging hin in sein Haus und verherrlichte Gott. Und Staunen ergriff alle, und sie verherrlichten Gott und wurden mit Furcht erfüllt und sprachen: Wir haben heute außerordentliche Dinge gesehen (Lk 5,24-26).

Man stelle sich einmal vor, was die Worte Jesu für diesen gelähmten Mann bedeuteten. Für ihn, den Betreuungsfall, volle Pflegestufe, Inkontinenz, Kontraktionen, Schmerzen – dessen Tag darin besteht, dazuliegen und an die Decke zu starren, waren die Worte *„Steh auf, nimm dein Bett und geh nach Hause!"* die Reset-Taste, die Stunde Null, der Neuanfang des Lebens. Ein einziger Satz definierte sein Leben neu. In einem Moment verwandelte er sich vom Pflegefall zurück zum eigenständigen Individuum. Das Alte war nun vorbei, Neues war geworden. Und das nicht nur für den „Patienten", auch für seine Familie und seine Freunde. Das ist Transformation. Das ist wirklich und wahrhaftig die Revolution des Evangeliums.

Wiederum können wir ohne Mühe die Situation des Gelähmten auf uns moderne Männer übertragen. Ist die Lähmung auch zumeist nicht äußerlicher Natur, so fühlen sich doch zahllose Männer genauso gehandicapt und bewegungsunfähig wie dieser „Pflegefall". Sie wollen mit Kraft handeln und laufen, etwas Bedeutungsvolles tun und „Berge versetzen", finden sich jedoch nach einem langweiligen Tag im Büro mit Chips und Bier im Fernsehsessel wieder, wo sie nur noch *anderen* Männern *zuschauen*, die mutig Heldentaten vollbringen. Aber selbst im TV verschwinden die Helden zusehends und machen Platz für die Held*innen*, die jetzt den Kampf um die Gerechtigkeit führen. Ach hätten wir nur solche Freunde wie dieser Gelähmte, die uns vor die Füße Jesu legten! Dort würde auch unser Schicksal sich wenden, wenn wir die Worte hörten: „Mann, deine Sünden sind dir vergeben!"

Jesus vergibt uns die Sünden nicht, damit wir dieselben bleiben wie vorher mit einem etwas besseren Gewissen und der Hoffnung, einmal in den Himmel zu kommen. Wenn die Vergebung nicht das Alte entmachtet und das Neue ermächtigt, dann haben wir kein richtiges Verständnis von der Kraft des Evangeliums und dem Ziel, welches Gott mit der Vergebung der Sünden verfolgt. Vergebung ist kein Selbstzweck. Wenn wir nicht aufstehen aus unserem Leben der Ereignislosigkeit, des Aussatzes und der Lähmung und in der Kraft des Evangeliums von Jesus Christus andere Menschen werden, dann ist unsere Idee vom Christsein und der Sündenvergebung dringend korrekturbedürftig. Das Evangelium ist eine Revolution.

Denn ich schäme mich des Evangeliums nicht, **ist es doch Gottes Kraft** *zum Heil jedem Glaubenden ...* (Röm 1,16).

Was für ein „Heil" ist hier gemeint? Dass wir alle dereinst einmal in den Himmel kommen? Das wird ja vielerorts so gepredigt. Aber die vier Freunde hatten Glauben für *hier und jetzt* und nicht erst für den Himmel. Dies bewiesen sie mit dem Abdecken des Daches ja sehr anschaulich und praktisch. Ihre Erwartung an Jesus war schon ohne Worte völlig klar. Sie brauchtes das Heil *jetzt*, denn ihr Freund war *jetzt* gelähmt. Er brauchte die Heilung nicht erst später im Himmel, sondern hier auf Erden. Ein Evangelium, welches alle Leidenden auf das Jenseits vertröstet, ist makaber und nicht wirklich als ein „Evangelium" zu bezeichnen. Das Evangelium *ist* Gottes Kraft jedem Glaubenden zum Heil. Es heißt nicht, es *wird ... sein*, sondern *„es ist"*. Die Freunde des Gelähmten erlebten die Erfüllung von Römer 1,16. Das Evangelium war ihnen nicht Vertröstung auf später, sondern wirklich Gottes Kraft zum Heil ihres gelähmten Freundes.

Dies zu verstehen ist für uns sehr wichtig. Das Evangelium will *erlebt* werden. Es will zur *Anwendung* kommen. Es ist „Gottes Kraft zum Heil"! Jesus ging in dieser Kraft umher und brachte überall, wohin er kam, diese Kraft mit, die das Schicksal der Menschen wendete und ihr Leben transformierte. Das ist die Kraft des Heiligen Geistes, die nicht erst im Himmel wirkt, sondern die hier und heute Verlierer zu Gewinnern macht, Aussätzige zu Menschen und Gelähmte zu Laufenden.

*Jesus von Nazareth, wie Gott ihn **mit Heiligem Geist und Kraft** gesalbt hat, der umherging und wohltat und alle heilte ..., denn Gott war mit ihm* (Apg 10,38).

Ein Evangelium ohne die Salbung mit Heiligem Geist und Kraft ist ein *anderes* Evangelium als das der Heiligen Schrift. Dies muss uns dringend klar werden, damit wir nicht am Eigentlichen vorbeigehen und uns mit einem kraftlosen Imitat abgeben. Paulus warnt uns ganz ausdrücklich davor, zwar eine „Form der Gottseligkeit zu haben, aber deren Kraft zu verleugnen" (vgl. 2. Tim 3,5). Das Evangelium bedeutet in seiner Essenz: „Gott selbst kommt in Christus Jesus zu uns mit Heiligem Geist und Kraft, um in unser Leben Wohltat und Heilung zu bringen." Und wenn wir das empfangen haben, dann können wir es auch weitergeben.

Die erlebte Güte Gottes an einem gelähmten Mann versetzte die Menschen damals in völliges Erstaunen und ließ sie Gott verherrlichen. Dies sind die Reaktionen, die dem „richtigen" Evangelium normalerweise folgen. Dass Menschen gelangweilt in Kirchenbänken sitzen und die Predigt „über sich ergehen lassen" ist in vollkommener Weise unbiblisch und dem Evangelium gänzlich zuwider. Wenn wir an solch einen verkehrten Zustand auch noch so sehr gewöhnt sein mögen, macht es die Sache nicht besser, sondern umso schlimmer. Dass wir uns erlauben, ein Evangelium zu verkündigen, welches keine Kraft mehr zu bieten hat für die Kranken und Zerbrochenen, ist ein Unding. Eine solche Verkündigung ist nicht in Einklang zu bringen mit der Schrift; wir müssen sie dazu schon sehr verbiegen und verdrehen. Paulus, als der größte Theologe aller Zeiten, erläutert uns ja die rechte Verkündigung des Evangeliums in 1. Korinther 2,4-5 folgendermaßen:

*Meine Rede und meine Predigt bestand nicht in überredenden Worten der Weisheit, sondern **in Erweisung des Geistes und der Kraft**, damit euer Glaube nicht auf Menschenweisheit, sondern auf Gottes Kraft beruhe.*

Deutlicher kann es nicht gesagt werden. Hier gibt es nur ein Entweder-oder. Entweder es ist die gottgemäße Predigt, die sich erweist in Geist und Kraft wie bei Jesus auch – oder es ist eine menschengemachte Predigt, die sich in philosophisch-theologischen Betrachtungen ergeht, die aber nicht die transformatorische Kraft hat, ein Leben zu verwandeln.

*Denn unser Evangelium erging an euch nicht im Wort allein, sondern auch **in Kraft und im Heiligen Geist** und in großer Gewissheit ...* (1Thess 1,5).

Heutzutage haben wir die Kanzeln voll von Worten menschlicher Weisheit, die einen entsprechenden „Glauben" erzeugen, der keinerlei Kraft hat, keinerlei Herrlichkeit aufweist und keinerlei Heil bringt. Paulus aber will ausdrücklich, dass der Glaube der Predigthörer auf Gottes Kraft beruht.

In der Begebenheit der Heilung des Gelähmten lesen wir: *„Und des Herrn Kraft war da, um zu heilen ..."* Bei unseren heutigen „Wortgottesdiensten" fragt man sich, ob überhaupt jemand merken würde, wenn „des Herrn Kraft" da wäre, um zu heilen. Und selbst wenn es jemand merken sollte, ob er dann wohl in der Lage wäre, mit dieser Kraft zu kooperieren? Würde wohl ein Pastor seine vorbereitete Schriftauslegung zur Seite legen und der Kraft Raum geben, zu tun, was *sie* tun will – vorbei an *seiner* Agende, Liturgie und Gewohnheit? Selbst in den Freikirchen, die hohen Wert auf eine persönliche Beziehung zu Jesus legen, wird kaum mit dem Ereignis des Reiches Gottes gerechnet. Und so verwandeln sich die Menschen nicht, sondern bleiben dieselben. Für Männer, die den Weg der Transformation gehen müssen, weil ihnen ihr Herz einfach keine andere Wahl mehr lässt und ihre Sehnsucht nach der Realität des Reiches Gottes und der Kraft des Heiligen Geistes unerträglich groß geworden ist, müssen diese Zusammenhänge klar und deutlich werden, sonst treten sie auf der Stelle und es ändert sich nichts. Die Lähmung bleibt erhalten.

Und danach ging er hinaus und sah einen Zöllner, mit Namen Levi, am Zollhaus sitzen und sprach zu ihm: Folge mir nach! Und er verließ alles, stand auf und folgte ihm nach. Und Levi machte ihm ein großes Mahl in seinem Haus; und da war eine große Menge von Zöllnern und anderen, die mit ihnen zu Tisch lagen (Lk 5,27-29).

Bei Jesus werden Ungerechte – wie die Zöllner, die seinerzeit der Inbegriff von Korruption und „institutionalisierter Ungerechtigkeit" waren – zu Gerechten. Für Levi war, wie für die anderen Männer in den Bibelstellen von Lukas 5 zuvor auch, die Stunde Null gekommen, als Jesus ausgerechnet auf seiner Arbeitsstelle auftaucht. Er wurde für Levi zu einem neuen Anfang ... und zum Anlass einer neuen Feier in seinem Haus. Die Wirkung Jesu auf die „Ungerechten" war durchschlagend. Immer wieder lesen wir in den Evangelien von Jesu Begegnungen mit den Zöllnern – und immer wieder sehen wir ihre erstaunlich positive Reaktion auf diese Begegnungen. Sensationell für sie war die hohe „Berührbarkeit", die Jesus mit ihnen einging. Wahrscheinlich hatte noch kein Schriftgelehrter jemals bei Matthäus im Büro vorbeigesehen, und sicherlich war noch nie ein Pharisäer über die Schwelle des Hauses eines Zöllners geschritten, ganz zu schweigen davon, mit solchen Verbrechern zu essen!

Jesus hatte mit alledem keinerlei Schwierigkeiten, war er doch für die Ungerechten gekommen, die ihn brauchten, und nicht für die Gerechten, die ihn nicht brauchten. Im „Gleichnis vom Pharisäer und Zöllner" (vgl. Lk 18,9-10) geht Jesus so weit, einen Pharisäer als Typus für die Selbstgerechten und einen Zöllner als Typus für die Ungerechten einander gegenüberzustellen und zu zeigen, wie Gott die Erkenntnis des Zöllners, dass er sich nicht selbst rechtfertigen kann und Gnade braucht, als viel besser bewertet als die Aufzählung aller frommen Leistungen des Pharisäers, der seiner Meinung nach eigentlich gar keine Gnade brauchte.

Männer auf dem Weg der Verwandlung in das Bild Christi hören auf, sich endlos zu rechtfertigen und zu erklären. Sie verlangen stattdessen nach *mehr Gnade*. Für sie ist nicht die Kirche, sondern ihr Arbeitsplatz und ihr Zuhause der Ort, wo sie Jesus begegnen, weil sie ihm *immer, unbedingt und überall* begegnen wollen. Er ist ihr Leben. Das Leben in einen frommen und einen profanen Teil zu zertrennen, kommt für sie nicht mehr in Frage.

Übrigens: Der hebräische Name von Levi ist Matthäus. Der Zöllner Levi wurde zum Apostel Matthäus (vgl. Mk 2,14; Lk 5,27) und schrieb ein Evangelium. Das ist Transformation.

Lukas 5 ist nur *ein* Kapitel der Evangelien. In zahlreichen anderen Kapiteln finden wir weitere Berichte, wie Menschen die transformatorische und revolutionäre Kraft des Reiches Gottes erlebten. Hier in Lukas 5 sehen wir diese Kraft im Leben verschiedener *Männer* am Werk. Nicht, dass wir nicht ebenso Kapitel mit Berichten darüber finden könnten, wie Jesus Frauen berührte, aber uns interessiert in diesem Buch die Berührung von Männern. Es gibt *für uns* eine Berührung mit der Kraft des Evangeliums und nicht nur mit frommen Worten und Regeln. Es gibt *für uns* eine Berührung mit dem Geist, der die Toten lebendig macht, und nicht nur „Buchstaben, die uns töten" (vgl. 2 Kor 3,6). Darum ist Lukas 5 für mich so aufschlussreich und bedeutsam für die Männerdämmerung. Wenn ich die Beispiele in diesem Kapitel lese, schlägt mein Herz höher und ich weiß bis in mein Innerstes hinein, dass es dies ist, was ich brauche und meine Brüder ebenso. Ich fürchte, wir wurden an eine Darstellung des Evangeliums gewöhnt, welche nicht die Kraft hat, uns wirklich und machtvoll zu verwandeln. Für viele von uns ist das Evangelium nichts weiter als eine gedankliche Konstruktion, eine Sammlung lehrreicher Geschichten, eine Doktrin, der man zustimmt und dadurch dann irgendwie Christ ist. Aber das ist weder wahr noch das, was wir brauchen. Wir brauchen einen Gott, der genau so an *uns* handelt, wie er an *jenen* Männern in Lukas 5 handelte. Die Erfahrung eines solchen „Erweises des Geistes und der Kraft" wird jeglicher frommer Routine und Langeweile ein drastisches Ende bereiten und das Element der *Erschütterung* in unser Leben bringen, ohne das es nun einmal keine wirkliche Veränderung gibt.

In Apostelgeschichte 4 lesen wir etwas in diesem Zusammenhang sehr Interessantes über das „Gebet der Gemeinde", welches sie betete, nachdem die Apostel um Jesu willen von den Oberen Jerusalems heftig angegriffen worden waren und man ihnen geboten hatte, nicht weiter öffentlich vom „Reich Gottes" und dem „Namen Jesu" zu sprechen. Sie beteten damals, bis der Heilige Geist so mächtig auf sie fiel, dass die Erde *buchstäblich bebte.*

31

Ich bin mir sicher, dass bei solchen Gebetsversammlungen keine Langeweile aufkommt! Wo der Geist ist, da ist Erschütterung, da kommen die Dinge in Bewegung und da wird die lähmende Furcht überwunden. Dies sind die typischen Kennzeichen des Reiches Gottes bzw. des Evangeliums.

Die große Gefahr für uns liegt darin, uns an völlig *andere* Zustände als das „ganz Normale" zu gewöhnen und sie zu akzeptieren. Den Teufel, den wir akzeptieren, können wir nicht austreiben! In den gängigen Gebetsversammlungen der Gemeinden finden sich kaum Männer. Ihre Idee von Gebet fasst sich in Worten wie „langweilig, immer das Gleiche, ermüdend", o. ä. zusammen. Dass der Heilige Geist sie erschüttern und durchdringen will, ist ihnen noch nie in den Sinn gekommen. Alles geht sehr gesittet und geplant vor sich. Darum denken sie, auch Gott sei nichts anders als „langweilig, immer gleich, ermüdend" und dergleichen. Männer müssen ein wachsames Auge auf ihre Umgebung und deren Einfluss auf sie haben. Nicht in allem, wo „Gebet" draufsteht, ist auch Gebet drin; nicht in allem, was sich „christlich" nennt, ist auch Christus drin. Die Männerdämmerung beginnt mit einem Aufwachen und Augenöffnen der Männer, einem neuen Hinschauen und Wahrnehmen, was eigentlich wirklich los ist.

Das wohl gängigste, moderne Bild für Transformation ist die Verwandlung einer Raupe in einen Schmetterling. Wenn wir das mit der Metamorphose der Raupe zum Schmetterling nicht kennen würden, würden wir wohl kaum glauben, dass diese beiden dasselbe Tier sind.

Wahrscheinlich würde einen eine Raupe, der man sagt, Schmetterlinge seien einst Raupen gewesen, für völlig übergeschnappt erklären. Raupen kriechen, Schmetterlinge fliegen! Unterschiedlicher kann es nicht sein.

Wir wollen nicht mit Gottes Hilfe bessere Raupen werden, wir wollen Schmetterlinge werden. Wir wollen nicht das Alte optimieren, sondern ablegen und Neues anziehen: Flügel zum Fliegen im Wind des Geistes (vgl. Joh 3,8). Wir brauchen die zahllosen Facetten einer Reich-Gottes-Revolution, wie sie nur der Geist Gottes wirken kann. Wir werden dabei vom Kriechen zum Fliegen, vom Wiederholen zum Überwinden, vom Verwalten zum Ermächtigen und vom Christentum zu Christus gelangen. Diesen Weg zu gehen, ist eine große Herausforderung und bedarf eben einer wirklichen Transformation, da wir im Modus des Altgewohnten und Traditionellen diesen Weg niemals gehen werden und unfähig zum Fliegen, Überwinden, Ermächtigen und der wirklichen Begegnung mit dem wirklichen Christus bleiben, dessen Anblick uns von Herrlichkeit zu Herrlichkeit in sein Bild umgestaltet.

Wenn wir etwas anderes haben wollen, als wir bisher hatten, müssen wir auch andere werden, als wir bisher waren. Viele aber wollen die Alten bleiben und trotzdem das Neue haben. Sie wollen die neue Saat unter das alte Kraut säen und wundern sich, dass das Neue vom Alten erstickt wird (vgl. Lk 8,14). Sie wollen den neuen Wein in die alten Schläuche füllen und wundern sich, dass die altgewohnten Strukturen die Dynamik des neuen Weines nicht aushalten und bersten (vgl. Lk 5,37). Also lehnen sie den neuen Wein ab. Seine Dynamik ist zu bedrohlich für das kirchliche System. Er ist zu *lebendig*.

So wundert es nicht, dass auch Jesus seinerzeit vom religiösen System abgelehnt wurde. Er war definitiv zu lebendig, zu unberechenbar und ein einziger Störfaktor für die „heilige Ordnung". Er rief die Leute nicht zurück zur (alten) Ordnung, sondern verkündete das Ende der alten Ordnung, also Revolution. Die sprengte den gewohnten Rahmen und postulierte die Notwendigkeit einer Transformation. Diese würde niemals in der Kraft des Gesetzes (die menschliche Bemühung, Gottes Gebote zu halten) geschehen, sondern nur in der Kraft des Geistes.

Jesus spricht die revolutionären Worte über den Geist auf dem „großen Laubhüttenfest" der Juden so aus:

Wenn jemand dürstet, so komme er zu mir und trinke. Wer an mich glaubt, aus dessen Leibe werden, wie die Schrift sagt, Ströme lebendigen Wassers fließen. Dies aber sagte er von dem Geist, den die empfangen sollten, die an ihn glaubten ... (Joh 7,37-39).

Hier geht es um eine neue Ordnung, die die alte Ordnung überwindet. Das Neue des Geistes ist *nicht* das Alte des Gesetzes mit ein wenig frischer Schlagsahne oben drauf. Der Heilige Geist unterstützt uns nicht, den alten Weg besser gehen zu können, sondern er unterstützt uns, ihn zu verlassen und einen ganz anderen Weg zu gehen. Dies scheinen viele Christen nicht zu verstehen. Sie rufen den Geist in ihr altes System hinein und machen ihn dort zu einem nicht fassbaren dritten Wesen der Dreieinigkeit in ihrer musealen Liturgie. Nein, der Weg des Gesetzes und der Weg des Geistes sind unvereinbar miteinander. „Der Buchstabe tötet, der Geist aber macht lebendig" (vgl. 2 Kor 3,6). Nur der Geist befähigt uns, zu Jesus zu kommen und von ihm zu trinken, bis Ströme lebendigen Wassers von uns fließen und wir damit zu Quellen Gottes in einer dürstenden Welt verwandelt werden.

> *Wer von dem Wasser trinken wird, das ich ihm geben werde, den wird nicht dürsten in Ewigkeit; sondern das Wasser, das ich ihm geben werde, wird **in ihm eine Quelle Wassers werden,** das ins ewige Leben quillt* (Joh 4,14).

Wenn das Reich Gottes zu uns kommt – in dem Namen Jesu und in der Kraft des Heiligen Geistes –, dann *verwandelt* es alles. Auch uns. Dies muss uns klar sein, wenn wir beten: *„Dein Reich komme; dein Wille geschehe, wie im Himmel so auch auf Erden!"* (Mt 6,10).

Nachgefragt

- Wie verstehst du dein Christsein: als Anpassung an ein christliches Regelwerk, Erfüllung einer christlichen Rolle und Bemühung um ein christliches Benehmen – oder als eine reale Begegnung mit Jesus Christus in der Kraft des Heiligen Geistes?

- Drehen sich deine Gebete darum, Gott dazu zu bewegen, dir zu helfen, dein Leben besser in den Griff zu bekommen, oder hast du den Heiligen Geist schon einmal ernsthaft darum gebeten, dir Jesus zu offenbaren?

- Was stellst du dir unter den Begriffen „neue Schöpfung" bzw. „Erfüllung" vor?

- Wo liegt dein „Lebensfeld" brach und erstarrt? Wann hast du resigniert und den Glauben an eine grundlegende Verwandlung deines Lebens aufgegeben und „funktionierst" nur noch?

KAPITEL 2

Männer-Herzen

Das ist also das Feld der Männer. Ganz schön deprimierend! Ich gehe einige Schritte über den schlammigen Boden. Er ist hart und wegen der Nässe irgendwie glitschig. Kein Geräusch ist zu hören. Die Tristesse ist überwältigend. Ich denke an das Gleichnis von der Saat auf verschiedene Arten von Böden, das Jesus in Lukas 8 erzählt. Sinnbildlich ist der Same dort das Wort Gottes und es fällt in diesem Gleichnis auf verschiedene Herzenszustände. Ist das Herz hart, kann der Same nicht eindringen. Ist es karg, kann der Same keine Wurzeln ausbreiten. Ist es verunkrautet, überwuchern die Dornen der Sorgen, des Vergnügens und des Reichtums die gute Saat, und in einem solchen Herzen kommt nichts davon zur Reife und bringt Frucht. Schließlich gibt es noch den Zustand des guten und redlichen Herzens, welches den Samen aufnimmt und Frucht bringt mit Geduld.

Was ist dies nun für ein Boden, auf dem ich stehe – das Feld der Männer?

Da scheint schon lange nichts mehr eingedrungen und gewachsen zu sein. Bei diesem desolaten Zustand scheint es mir ganz vergeblich, ein solches Herz überhaupt anzusprechen oder gar anzupredigen. Es muss erst in einen empfänglichen Zustand gebracht werden, sonst kommt da gar nichts an. Ich erinnere mich daran, wie viele Frauen mir schon geklagt haben, ihr Mann bzw. das Herz ihres Mannes sei unerreichbar. Manche meinen irgendwann, er habe womöglich überhaupt keines, aber das stimmt sicher nicht. Alle Männer haben ein Herz, und in Wahrheit sind sie das, was sie im Herzen sind. Der Rest ist Rolle und Schau. Nur haben sie sich hart und unzugänglich gemacht. Wahrscheinlich, um sich zu schützen. Aber wenn das Herz wie ein Acker ist, dann braucht es die Öffnung für die Sonne und den Regen des Himmels, die Kultivierung des Bodens durch den Bauern und seine Beobachtung und Pflege der aufsprossenden Saat. Verschließt der Acker sich, dann verliert er seinen Sinn und seine Fruchtbarkeit. Und so geht es wohl vielen Männern. Sie haben den Kontakt zu ihrem eigenen Herzen verloren, wissen nicht mehr, wer sie eigentlich sind und was sie eigentlich hervorbringen könnten. Sie scheinen „nichts zu bringen".

Ich möchte in diesem Kapitel darüber sprechen, was eine *ganze Generation* von Israeliten erfolgreich daran gehindert hat, in das Gelobte Land – ihr von Gott zugedachtes Erbe – hineinzukommen. Ein gutes Land, in dem „Milch und Honig" fließen würden, also kein Mangel wäre, wie sie das so lange gewohnt waren. Ein Land, in dem sie nach Jahrhunderten der Sklaverei endlich frei sein würden. In zahlreichen Bibeltexten werden detaillierte Beschreibungen dieses Landes ausgeführt, die seine Vorzüge und Einzigartigkeit hervorheben. Dieses Land würde eine physische Manifestation der Gnade und Güte Gottes sein, ein mächtiges Gegenbeispiel zum Land Ägypten, welches seinen Reichtum, seine Größe und Vorherrschaft durch Gewalt, Ausbeutung und Versklavung entwickelt hatte. Menschen – und im Besonderen spreche ich hier die Männer an – müssen wählen, auf welchem Weg sie zu Größe, Reichtum und Ehre gelangen wollen. Viele werden einwenden, dass sie sich gar keine Gedanken darüber gemacht haben, sondern einfach in den Wegen ihrer Familien, Schule und Kultur vorangezogen und -geschoben wurden, ohne allzu viele grundlegende eigene Gedanken über Sinn und Zweck des Ganzen. Diese Gedankenlosigkeit ist allerdings bereits ein klares Kennzeichen von Sklaven, die sich nie solche Gedanken zu machen brauchen wie Freie.

Wir kennen die Geschichte und wissen, dass die „Sklaven" aus Ägypten mit großer Furore ausgezogen waren und sich auf den Weg in die Freiheit des Gelobten Landes jenseits der Wüste gemacht hatten. Mit viel Aufwand hatten Gott und Mose sie so weit gebracht. Wer oder was war aber nun in der Lage, die Zukunft dieser so hoffnungsvoll aufbrechenden Menschen zu zerstören, ihre Möglichkeiten im Sand der Wüste Sinai zu begraben und sie den Rest ihres Lebens im Kreis laufen zu lassen?! War es eine feindliche Armee, die sie einholte? Eine Epidemie, die sie dahinraffte? Eine verfehlte Politik der Führung? Oder was?

In den folgenden Ausführungen will ich diese Fragen im Blick auf uns Männer bewegen, da Männer so seltsam oft erfolgreich verhindert sind, im Kreis laufen und nie in ihrem „Gelobten Land" ankommen. Meist verstehen sie allerdings nicht, warum das so ist, und stellen irgendwann auch keine Fragen mehr, sondern finden sich mit ihrer Wüste ab.

Deshalb, wie der Heilige Geist spricht: „Heute, wenn ihr seine Stimme hört, verhärtet eure Herzen nicht wie in der Erbitterung an dem Tage der Versuchung in der Wüste, wo eure Väter mich versuchten, indem sie mich auf die Probe stellten, und (obwohl) sie sahen meine Werke vierzig Jahre. Deshalb zürnte ich diesem Geschlecht und sprach: Allzeit gehen sie irre mit dem Herzen. Sie aber haben meine Wege nicht erkannt. So schwor ich in meinem Zorn: Sie sollen nimmermehr in meine Ruhe eingehen."

Seht zu, Brüder, dass nicht etwa in jemandem von euch ein böses Herz des Unglaubens sei im Abfall vom lebendigen Gott, sondern ermuntert einander jeden Tag, solange es „heute" heißt, damit niemand von euch verhärtet werde durch Betrug der Sünde! (Hebr 3,7-13).

Heute, wenn ihr seine Stimme hört, verhärtet eure Herzen nicht ...

Was hat die Israeliten so hart gemacht? So hart, dass sie nicht mehr glauben konnten, so hart, dass sie furchtbar bitter wurden und in ihren Zelten im Geheimen über Mose und Gott „murrten", die sie doch so großartig aus Ägypten befreit hatten? Was hat sie dazu gebracht, Gott auf ihrem Weg zum Gelobten Land geschlagene *zehn Mal* hart auf die Probe zu stellen – obwohl sie all die großartigen Wunder des Auszuges aus Ägypten erlebt hatten?

Und diese Wunder waren wirklich nicht „ohne" gewesen! Gott legte sich mächtig ins Zeug für sie. Durch eine ganze Kaskade von gewaltigen Plagen und dramatischen Demonstrationen der Macht Gottes überstanden sie den Konflikt mit dem mächtigsten Herrscher der damaligen Welt, dem Pharao. Hier schlugen Männerherzen höher, schwangen sich zu hohem Glauben und Mut empor – und gewannen! Hier wurde Geschichte geschrieben …

Da wir diese „alten Geschichten" von Mose und Pharao möglicherweise von Sonntagsschulzeiten an gewohnt sind und all die nett gezeichneten Bilder des Auszugs von Israel aus Ägypten noch aus den Kinderbibeln vor Augen haben, haben wir vielleicht keinerlei Gespür mehr für die eigentliche Brisanz dieser ganzen Angelegenheit. Deshalb möchte ich noch einmal ein paar der erstaunlichen Wunder in Erinnerung rufen, deren Zeugen die Männer von Israel wurden.

Angefangen hatte es damit, dass der Stab des Mose zur *Schlange* wurde, wenn er ihn zu Boden warf, und wieder zum Stab in seiner Hand, wenn er ihn aufhob. Ein anderes Wunder war, dass seine Hand *aussätzig* wurde, wenn er sie in sein Gewand steckte, und wieder gesund, wenn er sie herauszog. Das liest sich so einfach in den wenigen alttestamentlichen Sätzen, die darüber sprechen. Aber stellen wir uns einmal vor, dies geschähe heute vor unseren Augen! Was würden wir über einen alten Man denken, der aus der Wüste kommt, behauptet, Gott in einem Busch begegnet zu sein, und der dann wirklich *sehr übernatürliche* Dinge vor unseren Augen demonstrieren würde? Wahrscheinlich würde uns das völlig irritieren und wir würden nicht wissen, was wir davon halten sollen. Wir würden uns fragen, ob das nicht okkult sei. Wir würden uns fragen, wo denn das in der Bibel stehe, usw. So ging es den Männern damals auch, aber Mose ging noch viel weiter, als sie mit ihren kleinen religiösen Vorstellungen von Gott denken konnten. Sehr viel weiter. Und er ließ den Israeliten damit keine Möglichkeit, gleichgültig zu bleiben. Er brachte sie ins „Tal der Entscheidung" darüber, wer sie als „Gläubige" eigentlich *wirklich* sind und wer ihr Gott eigentlich *wirklich* ist.

Mose tat das Schlimmste, was er nur tun konnte und alle befürchteten. Er brachte den König gegen sie auf, von dem sie doch völlig abhängig waren! Er forderte das ganze Establishment heraus. Was für ein verwegener Alter, der den ganzen Jungen zeigte, was für Memmen sie waren! Domestiziert und gezähmt hingen sie an der Leine Ägyptens. Er brachte unglaubliche Unruhe auf den Plan. Und wieder fragten sich alle, ob das wohl von Gott sein konnte. Muss man sich denn nicht der staatlichen Autorität unterordnen und für sie beten, anstatt den Aufstand gegen sie zu provozieren?

Sie erlebten in der immer stärker zunehmenden Eskalation des Konfliktes, wie sich der *gesamte Nil* in Blut verwandelte und Gott sich mit dem Pharao, ihrem Sklavenmeister, Schlag um Schlag anlegte bis zur *Tötung aller Erstgeborenen* in Ägypten. Auch das liest sich in wenigen Sätzen. Aber was das *wirklich* bedeutet?! Hier war der Konflikt auf Messers Schneide angekommen. Jetzt ging es nicht um verschiedene Meinungen, sondern um Leben und Tod. Und ehrlich gesagt: Erst wenn es um Leben und Tod geht, kommen Männer endlich *wirklich* in Bewegung. Vorher regen sie sich über Belanglosigkeiten auf, etwa, ob der Gottesdienst zu lang war oder der Teppich im Gang die falsche Farbe hat. Männer werden von Belanglosigkeit eingeschläfert, aber wenn der Konflikt unvermeidlich und verhängnisvoll heraufzieht wie ein Gewitter, erwacht endlich der Held in ihnen und sie beziehen Stellung. Einfach deshalb, weil es keinen Raum der Unentschiedenheit mehr gibt.

Sie durften erfahren, wie Gott ein *ganzes Meer* vor ihnen her teilte und die *gesamte Armee* Pharaos vernichtete, um sie „mit starkem Arm" zu befreien. Ja, es ging um Leben und Tod – und *dort* offenbarte sich Gott. Männer, die nie ein solches Risiko eingehen würden, in ein Meer hineinzumarschieren mit einem Glauben, der irgendwo zwischen Wahnsinn und Heldentum angesiedelt ist, werden von Gott nicht viel erleben. Dort, auf Messers Schneide, ereignen sich die Wunder auch heute noch – in der bequemen Gemeindeveranstaltung mit Kaffee und Kuchen weniger.

Nach dem Roten Meer ging es mit den verrückten Wundern ungebremst in der Wüste weiter: *Brot regnete vom Himmel*, genug für Hunderttausende von Menschen und Tieren – Tag für Tag – *jahrelang*.

Sie erlebten in der Wüste auch, wie Gott sie mit Feuer bei Nacht wärmte und mit einer Wolkensäule am Tage gegen die

Sonne schütze und ihnen den Weg zeigte. Tag für Tag, Nacht für Nacht. Und: Keiner von ihnen wurde krank und ihre Kleider verschlissen nicht! Diese Wunder hielten *40 Jahre lang* an! Dies übersteigt unser aller Vorstellungsvermögen. Hier waren Wunder nicht punktuell, sondern ereigneten sich andauernd über sehr lange Zeiträume.

Ich könnte mühelos über viele Seiten lang einen erstaunlichen Punkt nach dem anderen auflisten, was diese Leute live erlebt haben. Jeder dieser Punkte würde unsere Vorstellung von Gott genauso herausfordern, wie er es damals für die Israeliten tat.

Wenn es also je in der Geschichte Männer gab, die wissen konnten, dass sie *erwählt waren* und *für Gott nichts unmöglich ist*, dann waren es diese. Sie erlebten es alles real und in Farbe.

Trotz alledem waren ihre Herzen hart und bitter.

Trotzdem wollten sie den treuen Mose zigmal umbringen.

Trotzdem unterstellten sie Gott **zehnmal**, er meine es ja doch nicht gut mit ihnen und es wäre besser, nach Ägypten zu Pharao, ihrem Sklavenmeister, zurückzukehren und wieder Ziegel zu backen.

Trotzdem kamen sie an den Punkt der Weigerung, auch nur einen Schritt weiterzugehen Richtung Gelobtes Land. Und sie gingen tatsächlich entschlossen *nicht* hinein.

Welche Enttäuschung für Gott und für Mose! Bei all dem so überaus großen Einsatz für diese Leute. Tatsächlich lesen wir in den alten Berichten, dass Gott an dem Punkt war, dieses „widerspenstige Volk" aufzugeben und mit Mose einen Neuanfang zu machen. Und wer kann Gott dabei nicht verstehen …?

Da waren also eine Menge Trotz und Enttäuschung. Und das forderte einen hohen Tribut.

Wenn Mann bitter und enttäuscht ist, denkt Mann auch heute so krumm, und dann macht Mann heute genau solche Dummheiten wie diese Männer damals!

Dann verwechselt Mann Freund und Feind und stößt diejenigen, die es gut mit ihm meinen, vor den Kopf und umarmt die, die es nicht gut mit ihm meinen. Mann bleibt stur wie ein Esel stehen und weigert sich standhaft, das Richtige zu tun.

Vielleicht denken wir, wenn *wir* eine solche Geschichte mit derartigen Wundern erlebt hätten wie diese Männer, dann hätten wir einen unerschütterlichen Glauben gehabt und wären sicher weitergegangen bis hinein in das Gelobte Land. Wir hätten das Ziel erreicht. Das Erstaunliche und für uns wichtige Faktum ist die Diagnose, die Gott über die Gründe dieser Männer für ihre fatale Skepsis stellt. Gott bescheinigt diesen Männern, dass sie *trotz* all der Wunder und Gnadenerweise *in ihrem Herzen darüber irrten,* wer Gott wirklich ist, und dass sie seine Wege nicht begriffen.

Gottes Wege werden mit dem Herzen erkannt oder gar nicht

Viele Männer von heute haben durchaus bemerkenswerte Dinge mit Gott erlebt. Viele haben einen guten Anfang mit Gott gemacht, haben sich jedoch nach einer gewissen Zeit in ihrem Herzen wieder von ihm entfernt und laufen auf ihren eigenen Wegen, *„die nicht gut sind, ihren eigenen Gedanken nach"* (vgl. Jes 65,2). Und Gott hat ihrer korrupt gewordenen Meinung nach eigentlich keine andere Aufgabe, als diese Wege abzusegnen oder sie in Ruhe zu lassen.

Wir müssen der ganzen Tragweite der Tragödie Israels ins Gesicht sehen, sonst werden wir genau diesen gleichen Fehler wieder und wieder begehen, *weil wir uns nicht davor fürchten,* solche Fehler zu begehen. Jemand hat gesagt: „Wer aus der Geschichte nicht lernt, ist dazu verdammt, sie zu wiederholen." Die Bibel ist mit der Absicht geschrieben worden, dass wir diese immer wiederkehrenden Muster erkennen können, um aus ihrem Wiederholungszwang auszusteigen und einen anderen Weg zu gehen.

Die Lektion, die es für uns zu lernen gilt, heißt: Wenn wir uns ein hartes Herz erlauben, dann werden wir nie in unserem Gelobten Land ankommen. Denn ein bitteres Herz ist nicht fähig, zu glauben. Es will nicht vertrauen. Männer mit bitteren Herzen zimmern sich ihren eigenen Gott so zurecht, dass er zu ihrem Weg passt – ein ganz privates „goldenes Kalb" sozusagen. So machten es die Israeliten, als sie sich weigerten, in das Gelobte Land hineinzugehen. Denn dort kommt man nur in der Kraft Gottes hinein. Dafür müssen Männer einen Weg gehen, den nicht sie unter Kontrolle haben, sondern der unter Gottes Kontrolle ist und auf dem sie im Vertrauen auf seine Integrität einfach mitgehen, *weil sie ihn kennen.*

Dieser Weg des Vertrauens aber braucht unser *ganzes Herz*, unsere *ganze Liebe*, unsere *ganze Bereitschaft*. Männer zögern damit, aufs Ganze zu gehen, obwohl sie genau die Männer bewundern, die das tun. **Mit Gott muss man aufs Ganze gehen. Es geht nicht anders. Er tut es nicht darunter.** Da bleibt nichts übrig für Härte und Bitternis, für Murren und Meckern, für Zögern und Zagen.

O wie schwer fällt uns das „Ganze"! Wie zerstreut sind wir in allerlei und vielerlei. Wie zerteilt ist unser Herz – unfähig, ganze Sache zu machen. Unentwegt ruft Gott Leute, die nur mit halbem Ohr zuhören, und klopft an Türen, die ihm niemand weit genug öffnet, um durchgehen zu können; beantwortet Gebete, auf die keiner mit einer Antwort rechnet, usw. Unser Umgang mit Gott ist oftmals eine einzige Schande. Unser Benehmen zeigt, dass wir weder viel von ihm halten noch groß mit ihm rechnen. Genau wie die Männer Israels von damals …

Wenn wir *heute* Gottes Stimme hören, dann möchte Gott, dass wir *heute* reagieren. Nicht erst morgen! Denn morgen ist das Reden von heute vorbei und wir haben die Hälfte sowieso schon wieder vergessen.

Jesus sagt: „Jeder Tag hat seiner Plage genug." Wie recht er hat!

Wenn sich die göttliche Wolkensäule in der Wüste erhob und weiterzog, dann brachen die Israeliten ihr Lager – *ihr gesamtes Lager!* – ab und *gingen mit*. Sie warteten nicht auf morgen, den günstigsten Augenblick, auf besseres Wetter, bis zum Wochenende oder bis zur Rente. Dann hätten sie die Säule nicht mehr wiedergefunden und den Anschluss verloren! Nein, sie machten ganze Sache mit Gott und folgten ihm auf dem Fuß – eine Zeit lang.

Wer kennt es nicht, das unangenehme Gefühl, den Anschluss verpasst zu haben? Wer kennt nicht diese Verzweiflung darüber, Gott aus den Augen verloren zu haben? Nicht mehr zu wissen, wo es langgeht, und das Leben nur noch als ein Herumirren in der Wüste und im Kreise laufen zu erfahren?

Wenn dem so ist, dann liegt es möglicherweise an einem stumpfen Herzen, das *gar nicht gemerkt hat*, dass Gott längst aufgebrochen und weitergegangen ist. Manchmal ist das das Problem unserer ganzen Gemeinde. **Gott hat sich weiterbewegt, aber sie hat es nicht gemerkt** und hat darum die Bewegung Gottes nicht mitvollzogen. Sie ist nicht synchron mit ihm, nicht in Übereinstimmung. Vielleicht passte sein Weg nicht zu ihrem Programm oder ihrer Theologie oder Tradition. Da hat sie ihn ziehen lassen …

Wir Männer müssen uns der lebenswichtigen Frage stellen: Haben wir Gott möglicherweise gehen lassen? Haben wir ihn überhaupt so weit beachtet, dass wir dessen gewahr werden konnten, dass er geht? Aus dem Leben mancher Männer verschwindet ja nicht nur Gott, sondern auch Frau und Kinder. Und sie stehen voller Verwunderung vor dem Zusammenbruch und haben nichts gemerkt …

Manchmal wollen wir Gott sogar aufhalten. Wir sagen: „Wolkensäule, bitte erhebe dich nicht, bleibe nur hier, bleibe schön hier bei uns. Wir werden dir auch ein wolkiges Heiligtum bauen, nur bleib!" Aber – oh Schreck – sie bleibt *nicht*. Sie richtet sich *nicht* nach uns. *Wir* müssen uns nach ihr richten, aufbrechen und weitergehen.

Wenn Gott heute zu uns spricht: „Lass uns gehen!", dann sollten wir gehen – direkt. Kein „Wochenend-Gehorsam", kein „Besser-Wetter-Gehorsam" oder „Günstiger-Augenblick-Gehorsam". Nein: Direkt-Gehorsam. Wenn wir heute seine Stimme hören, dann reagieren wir besser heute als morgen darauf. Das ist ein Glaube, der sich aus dem Kennen und Beachten Gottes nährt und nicht aus Traditionen und frommen Ritualen. Was uns meist davon abhält, ist die Sünde, die uns betrügt und unserem Herzen die richtige Reaktion auf Gottes Bewegung und Ruf ausredet und uns in der Folge leer zurückbleiben lässt. Dann wird es bitter und hart: Wir vertrocknen in der Wüste und unser Herz wird immer unzugänglicher, unbeweglicher und mit der Zeit steinern vor Enttäuschung. „Leer ausgehen" ist eine herbe Erfahrung und schwer zu ertragen, genauso wie „den Anschluss verlieren" und desorientiert herumirren.

Gott möchte, dass wir ihm *heute* folgen, und mal ganz ehrlich: *Eigentlich* wollen wir das doch auch. Er möchte nicht, dass unsere Herzen hart und bitter werden und für das Reden des Geistes unempfänglich sind. Auch das wollen wir eigentlich genauso wenig. Warum tun wir das dann aber, bzw. warum *lassen wir es zu*?

Viele wollen das Reden Gottes hören, aber ohne ausdrückliche Bereitschaft, auch Täter des Wortes zu sein, was doch so viel heißt, wie sich wirklich auf die Sache einzulassen. Sie kommen nicht vom *eigentlich* zum *wirklich*! Sie stecken in einem Selbstbetrug fest: einer Selbstsabotage.

In den sieben Sendschreiben der Offenbarung, Kapitel zwei und drei, heißt es immer wieder gleich: „Wer ein Ohr hat zu hören, der höre, was der Geist den Gemeinden zu sagen hat ... Wer überwindet, dem werde ich geben ..."

Diese Überwindung fängt bei uns selbst an. Bei unserem harten Herzen, bei unserer Taubheit gegenüber dem Geist und unserer Trägheit, aufzubrechen und weiterzugehen.

Wie schön wäre es, wenn uns klar würde, dass nicht Gott unser Feind bzw. „Problem" ist, sondern das, was unser Herz hart, taub und träge macht.

Wenn ich bedenke, was der Heilige Geist in den vielen Männertreffen, die ich in den vergangenen Jahren geleitet habe, schon alles Großartiges zu Männern gesagt hat, wie wenig aber darauf reagiert und wie schnell es vergessen wurde und *einfach so weitergemacht wurde wie gehabt*, ganz so, als hätte Gott gar nicht geredet, dann bin ich entsetzt und sprachlos! Wie viel an Berufung und Zukunft dort für „nichts" geachtet wurde, ist eine ausgesprochene Tragödie. Wie viele Männerherzen für eine Berührung vom Himmel einfach nicht bereit waren und unbeirrbar alles ignorierten, was ihnen gesagt wurde, ist bestürzend und ein einziges Drama.

Männer sind in einer Widersprüchlichkeit gefangen: Einerseits sehnen sie sich nach der Berührung Gottes, andererseits fürchten sie genau diese. Sie verlangen nach dem persönlichen Reden Gottes zu ihnen, halten sich aber die Option offen, ob sie darauf hören wollen oder nicht. Dieses ambivalente Verhalten hält viele Männer in einer lähmenden Stagnation gefangen, einem ewigen Vor-sich-Herschieben, endlich ganze Sache zu machen und nicht länger zu zögern und auszuweichen. Manche Männer sind für Gott und – wie ich annehmen möchte – auch für ihre Frauen und Kinder glitschig wie ein Aal. Sie sind nicht zu packen, nicht festzulegen. Gott muss Pfeile senden, um sie einmal festzunageln, und sie in die Enge treiben, um sie unausweichlich zu konfrontieren und so lange festzuhalten, bis sie endlich und eindeutig reagieren. Ich glaube, dass viel Elend, Krankheit und Verzweiflung im Folgenden begründet liegt: Männer weichen aus, Männer weichen zurück, Männer sind nicht zu greifen. Sie hören die wunderbaren Worte Gottes, reagieren aber entweder gar nicht auf sie oder nur zögerlich. „Sicherheitshalber", sagen sie. Das sind Kennzeichen eines Sklavengeistes, der die Freiheit nicht aushalten kann, weil sie Verantwortung mit sich bringt.

Darüber hinaus sind viele Männer furchtbar schnell an ihre Routine gewöhnt. Sie hören die bewegendsten Worte und „prophetischsten" Ermutigungen – und gehen nach Hause und vergessen sogleich alles, was sie gehört haben. Männer wollen sich *nicht direkt* damit befassen, lassen die Sache *erst mal* ein paar Tage ruhen, und dann ist schon nichts mehr übrig von der Ergriffenheit und Atmosphäre, mit der das Wort ursprünglich gegeben wurde. Darum ist es jetzt irgendwie so „flach", so ungenießbar wie das Manna, welches nach einem Tag bereits vergammelt war. Warum sie das tun? Wir bekommen die gleiche Antwort wie zuvor: „Sicherheitshalber" …

Männer neigen darum auch häufig dazu, die Ansagen Gottes aufzuschieben oder nicht besonders ernst zu nehmen, weil sie ja schon so vieles gehört haben und ständig Weiteres hören. Nie zuvor hatte eine Generation so viel Zugang zu geistlichen Lehren wie die unsere. Gerade wir Christen-Männer können oft das *eine* Wort, welches Gott unserem Herzen zugesprochen hat, von all den vielen anderen Worten nicht mehr unterscheiden. Wir wissen so viel und doch nicht, wo es für uns langgeht. Zudem kommt ja bald schon die nächste Veranstaltung mit der nächsten Predigt und dem nächsten Thema und dem nächsten Aufruf … Wir sind daran gewöhnt, dies alles Woche für Woche programmmäßig über uns ergehen zu lassen und *stumpfen dabei unmerklich ab.* Das ist das Trügerische an dem Betrug der Sünde! Wir werden sachte eingelullt und ruhiggestellt wie mit einer Droge. Schließlich sind wir schlicht zu müde und zerstreut für den Gehorsam von heute. Wir „springen einfach nicht mehr an" und schieben den Gehorsam ab auf morgen, aufs Wochenende, auf die Ferien, auf die Rente und verpassen routinemäßig das, was Gott uns für *heute* sagt.

So besteht die Sünde, die unser Herz irren lässt und uns taub macht für das Reden Gottes, zumeist gar nicht in dem, was wir im Allgemeinen unter Sünde verstehen: ungesetzliches und unmoralisches Verhalten. Nein. Die Sünde ist, dass wir unsere Herzen nicht hüten und *zulassen*, dass wir langsam aber sicher verhärten.

Mehr als alles, was man bewahrt, behüte dein Herz! Denn in ihm entspringt die Quelle des Lebens (Spr 4,23).

Sünde ist per Definition das, was uns von Gott trennt. Und dieses Aufschieben auf morgen, diese Trägheit und Zerstreuung, die uns unfähig macht, auf Gottes Reden zu reagieren, hat eben diese Wirkung: Wir verlieren Gott aus den Augen und laufen desorientiert im Kreis einer sinnentleerten Routine. Der direkte Kontakt zu Gott verschwindet und übrig bleiben Meinungen über ihn, theologische Konstrukte und eine sich immer gleich wiederholende Kirchlichkeit.

Die Mutter von John Wesley soll ihren Söhnen folgenden Rat mit auf den Weg gegeben haben: „Merkt euch diesen Rat: Alles, was die Empfindsamkeit eures Gewissens schwächt oder das Wohlgefallen an geistlichen Dingen fortnimmt, das ist Sünde für euch – wie unschuldig es auch erscheinen mag."

Und Roberts Liardon schreibt:[1]

Wenn du hinnimmst, dass das, was dir einst wunderbar und heilig war, gewöhnlich geworden ist …

Wenn du nicht mehr weißt, wofür dein Beten stark und beständig sein soll und es nur noch Routine ist …

Wenn du vergessen hast, wie es war, ohne Gott verloren zu sein …

Wenn du versuchst, so normal zu sein, wie alle anderen um dich her ohne Absichten über das Hier und Jetzt hinaus …

Wenn dich nur noch interessiert, was du sehen kannst und was sich gut anfühlt …

---

[1] Roberts Liardon, Quelle unbekannt; ins Deutsche übersetzt vom Autor.

... dann hast du deine Leidenschaft verloren und bist auf dem Weg, abzufallen.

In diesen Worten sehen wir eine ganz andere Kategorie von Sünden, als ungerechte Taten und sittliche Vergehen: Den Verlust der Leidenschaft. Gott aber möchte unsere Liebe. Leidenschaftslose Liebe gibt es nicht.

Es kann sogar fromme Routine und Tradition sein, die uns in eben diese Sünden hineintreibt, wie es Jesus ja gerade den Pharisäern und Schriftgelehrten seiner Zeit so nachdrücklich zu verstehen gab. Don Basham beschreibt es uns in seinem Buch „Befreie uns vom Bösen" im Hinblick auf die ermüdende Gemeindearbeit, die er so lange erlebt hatte, folgendermaßen:

> Warum nur versteckten wir uns derart hinter dem Dunstschleier scheinbarer Geschäftigkeit? In meinem Trübsinn kam es mir fast so vor, als wäre da eine große, stille Verschwörung im Gange, mit der Absicht, unsere Gemeinde – jede Gemeinde – durch Herumquälerei mit Belanglosigkeiten am wirkungsvollen Dienst auf den wirklich wichtigen Gebieten zu hindern ...[2]

„Herumquälerei mit Belanglosigkeiten" kann eine sehr wirkungsvolle Sünde sein ... Don Basham konkretisiert diese „Herumquälerei" gerade für Geistliche an anderer Stelle so:

> Die ständigen Anforderungen an unsere Zeit; die Last, endlos viele verwalterische Pflichten zu erfüllen, als wären sie von größter Wichtigkeit; der Zwang, glücklich, klug und erfolgreich zu erscheinen, auch wenn wir (als Leiter) es nicht waren; die Schuldgefühle, wenn wir uns Zeit für uns selbst und für unsere Familien nahmen; die Angst, wir würden irgendwie unsere Berufung in Frage stellen, wenn wir eine Schwäche zeigten ...[3]

Dieses „fromme Theater" kann einem Mann leicht das Herz kosten ...

In der Gemeindearbeit kann es den Mitarbeitern nur allzu leicht so ergehen: Sie sind überflutet von dem Vielen, arbeiten für Gott

---

[2] Don Basham, Befreie uns vom Bösen, Ernst Franz-Verlag, Metzingen, 1989, S. 27.
[3] Basham, S. 30.

wie in einer Tretmühle und reagieren schließlich auf gar nichts mehr. Alles wiederholt sich Woche für Woche, Gottesdienst für Gottesdienst. Es ist eine Mühle: Montags geht die Arbeit los, dann kommt der Hauskreis, dann für die ganz Treuen auch noch eine Bibelstunde. Weitere Themen, weitere Lehre, weitere Predigten, weitere Anforderungen. Dabei geht es erschreckend schnell, unser Herz in dem „Vielen" zu verlieren, denn unser Herz hat sein eigenes Tempo und sein eigenes Verstehen. Wenn wir es immer und immer wieder übergehen, überfüllen und weiterhetzen, verlieren wir den Kontakt zu unserer eigenen Mitte. Es gibt einen Verarbeitungsstau im Herzen, weil es nicht so schnell darin ist, die vielen Themen und Appelle, Predigten und Aufrufe zu verarbeiten. Wir können nichts zur Reife bringen, weil immer Neues hinzukommt. Die daraus folgende Gewöhnung und Abstumpfung ist die Sünde, die unsere Leidenschaft für Gott stehlen und das Feuer des Geistes auslöschen kann.

Seid brennend im Geist ... (Röm 12,11).

Was hat der Heilige Geist *dir* gesagt? Hast du es festgehalten? Aufgeschrieben? Konnte es das Feuer in deinem Herzen anfachen? Bleibst du dran, *bis du überwunden hast*, oder eilst du weiter von Lehre zu Lehre, Veranstaltung zu Veranstaltung, Konferenz zu Konferenz und bleibst dennoch so unerklärlich leer, verwirrt und am Ende nur noch genervt?

Einmal war ich in einem Hauskreis und brachte den Geschwistern dort ein prophetisches Wort mit. Ich hatte mich im Gebet gut vorbereitet und war über dieses empfangene Wort sehr erfreut, denn es war gut. Es war „frisches Manna". Ich habe dieses Wort dann vorgetragen und die Teilnehmer des Treffens waren davon tatsächlich sehr positiv angesprochen und beeindruckt. Ja, es ermutigte sie sichtlich und fachte ihr Herzens-Feuer an. Sie konnten ohne Weiteres annehmen und glauben, dass dieses Wort eine Botschaft von Gott speziell für sie war.

Am Ende des Hauskreisabends aber, in dem unendlich viel geredet worden war, war dieses Wort schlichtweg untergegangen. Niemand fragte nach einer Kopie davon. Im nächsten Treffen einige Zeit später fragte ich die Gruppe, ob sie sich Gedanken gemacht hätten über dieses Wort und wie sie darauf reagieren wollten. Aber kaum einer erinnerte sich überhaupt noch daran. Das Herz dieses Hauskreises war abgestumpft. Gewöhnt an prophetische Worte, gewöhnt an inspirierende Predigten, gewöhnt, immer weiter aufzunehmen, ohne jemals zu verarbeiten. Gewöhnt auch daran, alles zu vergessen und zum nächsten Thema weiterzugehen und darin genauso wenig „Täter des Wortes" zu sein und genauso wenig zu überwinden, wie mit dem Wort zuvor.

Die Israeliten hatten Unglaubliches gesehen und wirklich Wunderbares gesagt bekommen. Dennoch kamen sie in der Wüste um, als wären sie solche, zu denen das Wort Gottes nie ergangen und an denen nie ein Wunder geschehen wäre. Warum? Der Hebräerbrief führt es in unserem zu Anfang zitierten Text auf Folgendes zurück: *Ihr Herz war nicht bei der Sache.* Sie hielten es entweder zurück oder verloren es auf dem Wege. Sie waren beim großen Exodus zwar dabei und gingen wohl mit in die Wüste, aber in die Herrlichkeit des Gelobten Landes kamen sie nicht hinein. Denn der Preis für die Herrlichkeit ist unser Herz.

Gib mir, mein Sohn, dein Herz und lass deinen Augen meine Wege wohlgefallen! (Spr 23,26).

In Jesaja 55,8 heißt es:

Meine Wege sind höher als eure Wege und meine Gedanken höher als eure Gedanken – so viel der Himmel höher ist als die Erde – so viel höher.

Und Gott sendet uns seinen Geist ins Herz, um uns eben diese höheren Wege zu führen und diese höheren Gedanken zu offenbaren.

Entweder es geht uns durchs Herz oder es geht gar nicht

Wir verstehen den Weg nicht, den wir in die Erfüllung der Verheißungen, die Gott uns zugesagt hat, zu gehen haben. Es ist „über Bitten und Verstehen" (vgl. Eph 3,20). Es ist uns zu hoch. Dieser Weg braucht Glauben, das heißt, ein solches Vertrauen, dass wir uns von Gott über das Gehabte und Gewohnte hinausführen lassen. Ein Glaube, der nicht zur Überwindung des Status quo führt, ist ein untauglicher Glaube. Nur wenn Gott uns *über uns selbst hinaus* führen und erheben kann, kommen wir in *seine* Dinge beziehungsweise in unsere von ihm zugedachten Segnungen („Gelobtes Land") hinein. Denn das Ziel der Erlösung von den Sünden ist, dass Gottes Dinge und unsere Dinge die gleichen Dinge werden. Das Ziel ist Einssein mit Gott.

Wir allerdings versuchen unentwegt, Gott an *uns* anzugleichen. Siehe Projekt „goldenes Kalb". Er aber möchte uns *sich* angleichen. Wir wollen ihn zu uns herunterholen; er will uns jedoch zu sich hochholen. In Christus ist Gott ja zu uns heruntergekommen, aber nur, um uns zu sich hochzuholen.

Für die Israeliten war es unvorstellbar, wie sie in dieses Gelobte Land voller befestigter Städte und Riesen hineinkommen sollten. Sie standen an der Grenze zu ihrer Herrlichkeit und zögerten. Sie hatten Kundschafter ausgesandt, die ihnen detailliert berichteten, wie vollkommen unmöglich es sei, in dieses Land, in dem „Milch und Honig fließen", hineinzukommen. Die Erfüllung der Verheißungen war einen Steinwurf weit entfernt, aber die Entmutigung durch die „Experten" war schrecklich groß. Und die Israeliten verloren ihr Herz an die Expertise der Kundschafter, an die Befestigungen und die Riesen. Kurz gesagt: *an die Furcht.* Sie fühlten sich schrecklich unterlegen und machtlos.

Männer, die sich unterlegen und machtlos fühlen, werden schnell wütend, und so wundert es nicht, dass sie schon bald dabei waren, Gott anzuklagen und Mose mit Steinen zu bewerfen. Wie bereits zehnmal vorher …

In das Gelobte Land hineinzukommen, stellte sich als genauso unmöglich dar, wie aus Ägypten herauszukommen. Es würde dafür wieder eine ganze Reihe von Wundern brauchen. Sie würden erneut auf Messers Schneide gehen und alles riskieren müssen. Sie würden noch einmal ganze Sache mit Gott machen müssen. Der Weg des Glaubens war nicht beendet.

Gott ist eben der wunderwirkende Gott. Und er fürchtet sich kein bisschen. Er tut die Dinge auf seine eigene, menschlich gesehen unberechenbare Art und Weise. Er folgt dabei keiner Routine. Kein Mensch wäre auf die Idee gekommen, siebenmal um die Mauern Jerichos zu ziehen, um sie zum Einsturz zu bewegen. Militärisch gesehen war die Aktion einfach nur lächerlich. Mit Gott zu gehen, erfordert den Glauben an einen Gott, der ist, wie er ist, nicht wie wir ihn gerne hätten, damit es für uns weder ein Risiko gibt, noch peinlich wird. Ein solcher Glaube aber, der darin besteht, uns wirklich auf den wirklichen Gott einzulassen, ist eine Sache des Herzens.

Bei Jesus sehen wir, dass er die Menschen immer ganz unterschiedlich behandelt hat. Er hat die Kranken ganz verschieden geheilt. Er hat ganz unterschiedliche Wunder getan. Da gab es keine Routine und kein Schema. Nein, Jesus war stets überraschend und vollkommen untraditionell. Er tat, was er den Vater tun sah, und das getrieben vom Geist. Sein Stil war „höher als die Vernunft der Welt" und anders, als die Leute dachten und erwarteten. Sein Dienst war gekennzeichnet von Erstaunen, Entsetzen, Erschütterung und Bewegung. Warum fehlt es uns heute so sehr daran? Sind nicht eben das die Dinge, die Männer faszinieren, weil sie echt Wirkung haben und tatsächlich Ergebnisse erzielen? Was hat unsere Theologie aus Jesus gemacht? Einen zahmen Jüngling mit lockigem Haar und Heiligenschein?

Gottes Klage ist in Jesaja 29,13-14 zusammengefasst:

Und der Herr hat gesprochen: Weil dieses Volk mit seinem Mund sich naht und mit seinen Lippen mich ehrt, aber sein Herz fern von mir hält und ihre Furcht vor mir nur angelerntes Menschengebot ist: Darum, siehe, will ich weiterhin wunderbar mit diesem Volk handeln, wunderbar und wundersam. Und die Weisheit seiner Weisen wird verloren gehen und der Verstand seiner Verständigen sich verbergen.

Gott ist definitiv an unseren Herzen interessiert: an uns, wie wir wirklich sind. Theologische Abhandlungen langweilen ihn sicherlich genauso sehr wie uns. Er möchte „mächtige Taten" tun, die Männer „mit Herz" brauchen. Er sucht Männer, die sich von dem Gespenst formaler Religion verabschieden, die nichts weiter als antiquiert und öde ist, und sich auf den lebendigen Gott einlassen, der heute genauso unberechenbar, erstaunlich und abenteuerlich ist wie bei Mose und in den Evangelien. Er hat sich nicht geändert, wir haben ihn geändert. Wir folgen allzu leicht einem Bild von Gott, das mit seiner Wirklichkeit herzlich wenig zu tun hat. „Sicherheitshalber" natürlich ... und weil's die anderen ja auch tun ...

Gott spricht zu unserem Herzen – und wenn wir unser Herz verloren haben, dann können wir ihn nicht mehr hören. Selbst wenn er den ganzen Tag und die ganze Nacht lang zu uns spricht. An diesem Punkt müssen wir innehalten und klarkriegen, wo wir uns selbst verloren, verraten und verkauft haben, und wie das geschehen konnte. Wenn wir die Wahrheit wissen wollen, wird der Geist der Wahrheit uns gerne behilflich sein; dessen können wir uns ganz sicher sein! Wir können Gott fragen, was es in unserem Fall ist, das unser Herz schwächt und abstumpft. Wir können nach der verborgenen Bitterkeit und Härte fragen, deren wir uns vielleicht gar nicht einmal mehr bewusst sind, weil wir schon so lange darin leben. Wir können Gott fragen, was wirklich mit unserem Herzen los ist, und er wird gewiss antworten, weil dies die Fragen sind, die er hören will: Fragen, die uns wirklich weiterbringen. Und seine Antworten werden uns stets erstaunen, weil sie so gänzlich unreligiös sind und uns Punkte aufzeigen, auf die wir nie gekommen wären. Gottes Antworten werden uns immer zeigen, dass er unser Herz wirklich kennt wie kein anderer.

Auf dieses „Gott fragen" kommt es an. Das klingt so einfach, dass wir manchmal nicht darauf kommen. Häufig haben wir leider schon so viel Theologie im Kopf, dass wir meinen, wir müssten uns nach all unserem Wissen richten und bräuchten keine Fragen zu stellen. Das ist nicht ganz verkehrt, aber auch nicht ganz richtig. Wir müssen uns nach Jesus selbst richten. Er ist lebendig. Er ist keine „Lehre". Er kann uns die Kraft geben, die all unser Wissen uns nicht geben kann. Jesus hat nie davon geredet, uns theologische Kommentare zu schicken, sondern seinen Geist. In seinem irdischen Dienst hat er keine Schule aufgemacht und kein Buch geschrieben. Aber er hat Männern *sein Herz* mitgeteilt.

Seminare, Schulungen, Bücher und Kommentare mögen alle ihren Sinn haben an ihrer Stelle, jedoch können sie das Herz genauso leer ausgehen lassen und genauso abstumpfen und damit zur Sünde verleiten wie alles andere auch. Es heißt in 2. Korinther 3,6, dass „der Buchstabe tötet, aber der Geist lebendig macht". Dies sollte uns zu denken geben, die wir gewohnt sind, in Buchstaben zu ertrinken und nicht im Geist.

Der Wind weht, wo er will, und du hörst sein Sausen, aber du weißt nicht, woher er kommt und wohin er geht; so ist jeder, der aus dem Geist geboren ist (Joh 3,8).

Jetzt ist die Zeit, in der Gott uns durch seinen Geist voranbringen will. *Heute* will er uns vorantreiben und in den Rücken pusten, bis wir wie von alleine vorankommen in der Kraft des Windes. Der Wind ist allerdings nicht berechenbar und folgt keiner menschlichen Tradition und Theologie. Er weht, wo *er will*. Er wird auch die, die sich von ihm treiben lassen, zu Männern machen, die nicht berechenbar sind und in keine Schublade passen: zu Männern des Wunders. Ihr Glaube verbindet sie mit dem Gott, dessen Wege höher als die der Erde sind und dessen Gedanken höher als die der Menschen sind. Darum können diese Männer der Welt den Himmel offenbaren. Sie wissen nicht alle Antworten und kennen nicht alle Theologien, aber sie sind mit Gott im Herzen eins. So wie es ein Kind in seinem Herzen mit seinem Vater sein kann. Und wenn wir nicht werden wie die Kinder, werden wir vom Reich Gottes nichts zu sehen bekommen.

Wie kommt man also in das Erbe Gottes hinein? In das Gelobte Land, in dem Milch und Honig fließen? Hinein in die volle Manifestation des Reiches Gottes? In die Erfüllung aller Verheißungen? Wie werden wir jeden Widerstand überwinden? Wie werden wir die Wasser des Jordans anhalten und die Mauern Jerichos niederreißen und stark im Herrn und in der Macht seiner Stärke das Land einnehmen? Durch noch mehr Lehre, noch mehr Predigten und noch mehr religiöses Gerede? Nein, durch *Eines* wird dies alles zustande kommen:

Heute, wenn wir seine Stimme hören, zu sagen: „Ja, Vater!" Und nicht „Ja, aber ..."

Und noch mehr, dass wir dem, was der Geist uns sagt, unser ganzes Herz geben und bei vollem Risiko mitgehen bis auf Messers Schneide. *Dann zerbricht die Routine.* Dann werden auch wir unberechenbar. Nicht unordentlich, aber ungewöhnlich. Dann geschehen Wunder „ganz normal". Unser Weg ist dann höher als die Wege der Erde.

Und ich werde euch ein neues Herz geben und einen neuen Geist in euer Inneres geben; und ich werde das steinerne Herz aus eurem Fleisch wegnehmen und euch ein fleischernes Herz geben (Hes 36,26).

Nachgefragt

- Wie würdest du den Zustand deines Herzens beschreiben? Wo ist es weich geblieben, wo hart geworden?

- Würdest du nach dem Lesen dieses Kapitels in Betracht ziehen, Gott zu bitten, dir zu zeigen, wo und warum dein Herz hart wurde?

- Was wirst du gegen Bitterkeit und Härte tun, damit sie dein Herz nicht zerstören?

- Wie kannst du das „zu viel" in deinem Leben eindämmen, um „das eine" hören und empfangen zu können?

- Wo, wann und was hat der Heilige Geist zu dir geredet – und du hast nicht reagiert oder das Reagieren aufgeschoben?

- Würdest du in Betracht ziehen, Gott zu bitten, dich an das zu erinnern, was er bereits zu dir geredet hat, das du aber schon vergessen hast?

KAPITEL 3

Männer-Erweckung

Da, auf einmal sehe ich sie. Auf Anhieb waren sie kaum zu erkennen, da sie sich so nahtlos in das trübe Gesamtbild einfügten. Jede Menge schwarzer Vögel sitzen auf dem Feld, ein ganzer Schwarm davon. Wie Wächter sitzen sie auf der Fläche, um ja kein Korn darauf kommen zu lassen und den kleinsten Halm, der doch aus der Erde kommen sollte, sofort zu verspeisen. Ich möchte loslaufen, schreien, in die Hände klatschen und sie alle verscheuchen. Aber sie würden nur einige Kreise ziehen und sich sogleich wieder auf dem Feld niederlassen. Von diesen Vögeln geht eine Art Besitzanspruch aus: „Das ist unser Feld!" Ich bin empört. Als habe es dieser Boden nicht schon schwer genug! Nun sitzen auch noch die Krähen drauf und tun so, als sei das ihr Territorium. Sie schauen mich boshaft an und ich schaue böse zurück. Wir sind definitiv Feinde! Ich muss etwas tun, um das Feld vor ihnen zu retten!

Im letzten Kapitel habe ich meinen Eindruck geschildert, dass es bei uns Männern nicht die „heftigen Sünden sind", die unser Herz gegenüber dem Reden Gottes unempfindsam machen, sondern dass die großen Feinde unseres Herzens unter anderem **Gewöhnungen und Routinen** sind, die uns stumpf und taub machen für jede Offenbarung des Geistes. Geprägt von einer bestimmten Litanei und Tradition *meinen wir*, schon zu wissen, wie Gott ist und was er redet. Nämlich immer das Gleiche nach dem Motto: „Wie es war, so ist es, und so wird es immer bleiben." Etwas Neues und Abweichendes vom Bisherigen gibt es nicht oder es ist verkehrt und muss bekämpft werden, indem man noch fester am

Althergebrachten festhält. So *meinen wir* auch zu wissen, wie die Gemeinde derer, die an diesen Gott glauben, „läuft": Genauso immer gleich. In dieser verbreiteten Ansicht, die wohl der Mehrheit aller Mitglieder institutioneller Kirchen zu eigen ist, steckt eine Menge Stolz und Ignoranz. Als würde sich Gott in die Box einer bestimmten Theologie oder Kirche stecken lassen! Als wäre gerade *unsere* gewohnte Form der Ausdruck des göttlichen Willens schlechthin. Wir müssen uns nur einmal vorstellen, Jesus käme leibhaftig in einen unserer Gottesdienste. Was würde er unserer Meinung nach tun? Sich still in unser Programm einfügen und am Ende Beifall klatschen?

Was kein Auge gesehen und kein Ohr gehört hat und in keines Menschen Herz gekommen ist, was Gott denen bereitet hat, die ihn lieben. Uns aber hat Gott es geoffenbart durch den Geist, denn der Geist erforscht alles, auch die Tiefen Gottes (1 Kor 2,9-10).

Wenn wir Gott lieben, *wird* der Geist uns Gott in einer Weise und Tiefe offenbaren, die wir *nicht* gekannt haben. Diese Offenbarung wird bis in die Ewigkeit hinein nicht enden und fortschreiten von Herrlichkeit zu Herrlichkeit. Keine Theologie und kein Kommentar, keine Kirche und keine Denomination kann jemals damit fertig werden und sagen: „So ist Gott und nur so! *Wir* haben seine Tiefe *endgültig* erkannt."

Uns aber hat ein religiöser Geist eingeredet, dass alles, was es zu offenbaren gibt, bereits offenbart ist. Viele wurden gelehrt, mit dem schriftlichen Abschluss der Bibel sei das Thema Offenbarung ein für alle Mal „gegessen". Wir haben die Schrift – und fertig. Alles, was es über Gott zu wissen gibt, scheint bereits in die Augen, Ohren und Herzen der Kirche gekommen zu sein. Etwas Neues und Unbekanntes gibt es nicht mehr. Wir haben die Bibel, die Theologie, die Seminare, die Kommentare, ausgebildete Pastoren – und es ist wohl alles erschöpfend erklärt, was es je zu enthüllen und zu erklären gibt. Dieses Wissen gilt es nun zu bewahren und zu verwalten. Und das ist die Aufgabe, die die Kirche bis zum Wiederkommen des Herrn zu erfüllen hat.

Wenn wir so denken, werden wir unweigerlich einschlafen und abstumpfen. Denn wenn es nichts Neues mehr gibt, keinen Fortschritt und keine Entdeckungen, dann verfallen wir in Routine. Und die Routine schläfert uns ein. Das Gleiche wiederholt sich von Woche zu Woche und Jahr zu Jahr. Wie die Versammlung letzte Woche war, so wird sie diese Woche sein und so weiter bis ans Lebensende. Alles ist vorhersagbar, berechenbar und gleichförmig. Das bewirkt eine hochgefährliche Erwartungslosigkeit und Langeweile, die unsere Wachsamkeit, unseren Eifer und unsere Begeisterung für den Herrn todsicher einschläfert.

Jemand hat mit einem zwinkernden Auge gesagt: „Werden unsere täglichen Aufgaben oder unser Lebensstil zu automatischen Abläufen, haben wir aufgrund der darauf folgenden Langeweile zu wenig Energie, um bei guter Gesundheit zu bleiben."

Über die Meinung, schon alles darüber zu wissen „wie die Sache mit Gott läuft", warnt Jesus die Pharisäer, die sich selbst für ganz besonders „biblisch" hielten, und sagt: „Weil ihr meint, ihr wüsstet schon alles und braucht weiter nichts mehr – nicht mal mich –, darum nenne ich euch blind. Und darum warne ich die Leute davor, euch zu folgen. Denn ihr seid für Menschen kein neuer Anfang, sondern das Ende, da ihr in Traditionen und Brauchtümern gefangen seid, die so fest gefügt sind, dass selbst der Sohn Gottes nicht mehr eindringen kann."

Das theologische System der Pharisäer und Schriftgelehrten war ein geschlossenes. Alles war geregelt, alles kommentiert und fix und fertig durchdekliniert. Die ewigen Gesetze wurden in einer heiliggesprochenen, unantastbaren Liturgie zelebriert, deren endlose Wiederholung für Kontinuität und Ordnung sorgt bis zum seligen Ende. Und fertig ist die Religion.

Die Sache lief gemäß Gewohnheit und Routine glatt, bis ein schwerer Störfaktor auftauchte: Jesus. Der erhob den Anspruch, *direkt* vom Vater im Himmel gekommen zu sein und damit sowohl über die Autorität wie auch die Fähigkeit zu verfügen, beurteilen zu können, ob Schriftverständnis und Liturgie der religiösen Führung *wirklich* Gottes Willen entsprechen. Wie spannend!

Nun müssen wir nicht viel in den Evangelien suchen, um herauszufinden, dass Jesus überhaupt nichts mit dem frommen System der Pharisäer anfangen konnte und andersherum auch die Schriftgelehrten überhaupt nicht mit Jesus klarkamen und sich nur über ihn ärgerten. Es ist, als sprächen sie zwei verschiedene Sprachen und gingen auf zwei komplett unterschiedlichen Wegen in zwei verschiedene Richtungen. Sie reden über die gleichen Dinge so dermaßen unterschiedlich, dass es ganz unvereinbar miteinander ist. Wie verwirrend!

Die Schriftgelehrten predigten die rechte religiöse Form und Norm. Sie arbeiteten für die Bewahrung der Tradition. Jesus aber predigte die *Gegenwart* des Reiches Gottes: „Das Reich der Himmel ist nahe herbeigekommen." Wo er hinkam, *ereignete* sich das Reich Gottes in Erweisung des Geistes und der Kraft. Da wurden müde Männer munter! Da wurde die Routine unterbrochen und die Liturgie ausgesetzt und erstaunliche und außerordentliche Dinge geschahen. Jesus redete nicht nur über Gott, er brachte ihn gleich mit!

> *... da erstaunten die Volksmengen sehr über seine Lehre; denn er lehrte sie wie einer, der Vollmacht hat und nicht wie ihre Schriftgelehrten* (Mt 7,29).

Der Höhepunkt des Konfliktes zwischen den „Experten in religiösen Fragen" und Jesus ereignet sich, als dieser in Jerusalem einreitet und zur allerheiligsten Zentrale der Religiösen kommt: zum Tempel.

> *Und Jesus trat in den Tempel Gottes ein und trieb alle hinaus, die im Tempel verkauften und kauften, und die Tische der Wechsler und die Sitze der Taubenverkäufer stieß er um. Und er spricht zu ihnen: Es steht geschrieben: „Mein Haus wird ein Bethaus genannt werden." Ihr aber habt es zu einer Räuberhöhle gemacht. Und es traten Blinde und Lahme in dem Tempel zu ihm, und er heilte sie. Als aber die Hohenpriester und die Schriftgelehrten die Wunder sahen, die er tat, und die Kinder, die im Tempel schrien und sagten: Hosanna dem Sohn Davids! wurden sie unwillig ...* (Mt 21,12-15).

Jesus kommt also zu dem heiligen Tempel in Jerusalem und ... benimmt sich komplett daneben. Er legt kein würdevolles, andächtiges Betragen an den Tag, wie man das in einer Kirche erwarten kann. Nein. Er nimmt die Peitsche (vgl. Joh 2,15) und fährt damit wie eine Furie durch den Tempel und wirbelt alles durcheinander: die heiligen Formen und Normen, Liturgien und Vorschriften. Er stößt Tische um, jagt Händler hin und her, heilt Blinde und Lahme und lässt Kinder durch die Kirche schreien. Er legt sich bis aufs Äußerste mit den Pharisäern an: „Ihr habt das Haus Gottes zu einer Räuberhöhle gemacht! Wehe euch!" Diese wollen ihn umbringen (vgl. Mk 11,18). Der pure Tumult! Aufruhr im heiligen Tempel! Jesus hat die Routine unterbrochen, das Protokoll verletzt. Au weia! Das hat gesessen und so richtig weh getan! Das war oberpeinlich und nichts für schwache Nerven. Die Jünger hatten sich bestimmt in irgendeine Ecke verkrochen und hielten sich starr vor Entsetzen die Hände vors Gesicht. Gerade war der Meister noch so wunderbar sanftmütig und demütig auf dem Eselsfüllen in Jerusalem eingeritten mit Palmzweigen und „Hosianna, hosianna" – und nun verwandelt er sich auf einmal in einen Berserker! Ausgerechnet er, der von sich sagt, dass er „sanftmütig und von Herzen demütig ist"!

Ich glaube nicht, dass wir uns das Ausmaß dessen vorstellen können, was Jesus hier angerichtet hat. Immer wieder in diesem Buch wiederhole ich diese Aussage. Weil wir die „Jesus-Geschichten" vielleicht schon viele Male gehört haben und der Routine verfallen sind, entgeht uns komplett die Dramatik und Revolution, die das Evangelium in Wirklichkeit ist und was gerade uns Männer aus der Reserve herauslocken könnte.

Als Jesus die „Versammlung" schließlich verlässt, sieht es aus, als habe eine Bombe eingeschlagen: Jubelnde Geheilte, weinende Pharisäer, fluchende Verkäufer, die versuchen, ihre Tauben einzufangen, schreiende Kinder, umgestoßenes Mobiliar …

Und wir dachten, Gott sei ein Gott der Ordnung!

Aber so war der „echte" Jesus. Doch keine Sorge, wir haben ihn heute mit unserer raffinierten Religionswissenschaft doch an die Leine gelegt und theologisch fest im Griff. Kein Tumult in der Kirche! Das weiß doch jeder …

Oh, wie gerne hätte ich für uns Männer wieder die Originalfassung von Jesus anstatt die domestizierte Ausgabe von heute!

Wir wollen uns nach diesen Betrachtungen über Jesu heftiges Verhalten im Jerusalemer Tempel einmal fragen: Was ist denn eigentlich *heute* der Tempel Gottes? Nein, es ist nicht ein Kirchengebäude, sondern ... *wir sind es.*

*Wisst ihr nicht, dass **ihr** Gottes Tempel seid und der Geist Gottes in **euch** wohnt?* (1 Kor 3,16).

Ich kann mir gut vorstellen, dass Jesus die Peitsche noch immer in der Hand hat und auch sehr heftig in *unsere* heiligen Gewohnheiten und Traditionen einbrechen will – genau wie damals! Ich bin überzeugt davon, Jesus möchte auch heutzutage bei jedem von uns einschlagen wie eine Granate und in unseren Herzen einen ordentlichen Tumult anzetteln. Er möchte uns in Aufruhr versetzen. Ja, ich gehe fest davon aus, dass Jesus auch bei uns ein paar Tische umzuwerfen gedenkt und uns einige „Wehe!" ins Gesicht zu schleudern hat! Nicht, um uns fertig zu machen – o nein – darum geht es ja überhaupt nicht (!), sondern um uns *aufzuwecken*. So, wie der Tempel das Herz Jerusalems und ganz Israels war und Jesus genau dort mit einer mächtigen Provokation auftrat, um die ganze Nation aus dem Schlaf der Routine und Gewohnheit zu reißen, so will er es auch bei uns tun. Je tiefer der Schlaf, desto lauter muss der Wecker klingeln. Es gibt eine Art frommer Gewöhnung, Routine und Ermüdung, die schon starke Geschütze braucht, um erschüttert zu werden. Einen Mann herauszureißen aus jahrelanger, vielleicht gar jahrzehntelanger Gleichförmigkeit und Wiederholung, die er auch noch für korrekt hält, das ist nicht einfach. Das braucht heftige Maßnahmen.

Ich arbeite im Krankenhaus: Manchen Ohnmächtigen muss man rütteln und schütteln, um ihn aus seinem Tiefschlaf zu holen. Das heißt, man muss schon ein wenig Gewalt anwenden, um ihn aufzuwecken bzw. wach zu halten! Das ist es, was Jesus im Tempel tat.

Gott ist im Geschäft der Erweckung – und er übergeht uns Männer dabei nicht. Weil wir aber so schwer aufzuwecken sind, ist Gott scheinbar zunächst erst einmal weitergegangen zu Frauen und Kindern. Diese sind meiner Beobachtung nach in größerer Zahl erweckt als wir Männer. Sie rennen und beten gegen die abstumpfende religiöse Routine und Heuchelei heftiger und verzweifelter an als wir Männer. Mehr von ihnen als von uns Männern reißen sich, koste es, was es wolle, los von dem, was sie im geistlichen Tod und in geistlicher Unfruchtbarkeit gefangen hält. Eigentlich ist das eine Schande. Aber viele Männer sind nur schwer wach zu kriegen. Und klaren sie einen Moment auf, sind sie auch schon gleich wieder weg.

Tatsächlich spricht die Bibel von einem „Geist der Schlafsucht".

Denn der HERR hat einen Geist tiefen Schlafs über euch ausgegossen ... Und jedes Gesicht ist für euch geworden wie die Worte einer versiegelten Buchrolle, die man einem gibt, der zu lesen versteht, indem man sagt: Lies das doch! Er aber sagt: Ich kann nicht, denn es ist versiegelt. Und man gibt die Buchrolle einem, der nicht lesen kann, indem man sagt: Lies das doch! Er aber sagt: Ich kann nicht lesen (Jes 29,10-12).

E. Leo Lawson schreibt dazu:[1]

Wie Jesaja 29,14 erklärt, ist das Ergebnis der Strafe der Verlust von Weisheit und Unterscheidung. Sie trafen ihre falsche Wahl, und jener Geist der Schlafsucht wurde über sie ausgegossen und betäubte sie. Die Worte in diesem Vers sprechen „von einem kraftlosen und passiven Zustand totaler geistlicher Unsensibilität" (Keil und Delitzsch). Dies ist der religiöse Geist, der Menschen in Passivität und Erhaltung des Status quo hält – in einem Geisteszustand der Lethargie. Es ist Verblendung, die einen in eine Haltung dem Wort Gottes gegenüber hineintreibt, die es wirkungslos macht. Dies ist, was Leute mit diesem Geist der (geistlichen) Schlafsucht erleben. Sie können nichts anfangen mit dem Wort Gottes – im Besonderen nicht mit dem fleischgewordenen Wort Gottes.
Wo kommen heutzutage all die religiösen Theologien her? Der Geist der Betäubung macht nicht nur das Herz, sondern auch den Kopf hart!

---

[1] Aus: C. Peter Wagner (Herausgeber), *Freedom From The Religious Spirit,* Regal Books, Ventura, CA, USA, 2005, S. 68f.; ins Deutsche übersetzt vom Autor. Der ganze Artikel ist zu finden unter: www.hisman.de.

Das Phänomen der „geistlichen Schlafsucht" findet sich in der ganzen Schrift. Es wird z. B. so beschrieben: „Sie haben Augen und sehen nicht, Ohren und hören nicht, Herzen und glauben nicht" (vgl. Mt 13,13-15).

Man könnte diese Worte folgendermaßen weiterführen: Sie besuchen Gottesdienste, ohne mit Gott zu rechnen, singen Lobpreislieder, ohne Jesus zu lieben, beten, ohne eine Antwort zu erwarten, hören die Predigt, ohne zu reagieren – und gehen genau so nach Hause, wie sie gekommen sind. Das religiöse Gewissen ist beruhigt, die Sonntagspflicht erfüllt, bis zum nächsten Mal ...

Das kann Jesus nicht gefallen! Es lässt ihn zur Peitsche greifen und laut werden. Und wenn wir nicht schon ganz und gar besinnungslos sind, kann dieser ohnmächtige Zustand auch uns nicht gefallen. Sollten wir Tendenzen der Schlafsucht bei uns feststellen, dann müssen auch wir laut werden und entschlossen Befreiung davon suchen.

Ich kenne deine Werke, dass du weder heiß noch kalt bist ... sondern lau (Offb 3,15).

Jesus ist mit diesem lauen, indifferenten Zustand ganz und gar unzufrieden: „Ach, dass du kalt oder heiß wärst!" Und dann kommt die schockierende Ankündigung, dass Jesus uns „ausspucken wird aus seinem Munde" (vgl. V. 16), wenn wir lau sind.

Gemäß unserer Nettigkeits-Theologie halten wir Jesus natürlich für viel zu „lieb", als dass er tatsächlich je einen ausspucken würde. Unser Kirchen-Jesus ist so weichgespült und glattgebügelt, dass er sicher keiner Fliege je etwas zuleid täte. Er tut nichts als milde lächeln und segnen. Er stellt für Männer keinerlei Herausforderung dar. Auch kein Vorbild. Denn wer will schon so sein?

Was ist eigentlich „lau sein"?

Lau sein ist, dass wir heute die hunderttausendste Predigt hören und uns daran gewöhnt haben, jede Woche weitere Predigten und Aufrufe zu hören, fromme Bücher zu lesen, geistliche Konferenzen im Fernsehen zu sehen und so weiter. Und unser Herz ist so daran gewöhnt, dass es auf nichts von alledem wirklich reagiert. Im vorigen Kapitel sprachen wir bereits darüber.

Lau sein ist, dass wir nicht mehr in uns gehen können, von nichts mehr erschüttert werden und einfach nach Routine weiter durchs Leben schlafwandeln. Dann und wann, am Ende eines Jahres vielleicht, fragen wir uns, was wir eigentlich getan haben, und müssen mit dem Wort aus Psalm 90 übereinstimmen, dass unser Jahr „wie ein Schlaf" herumgegangen ist. Wir wissen nicht genau wie, aber es ist einfach abgelaufen. Nicht, dass wir vom Glauben abgefallen wären oder nicht dann und wann in die Gottesdienste unserer Gemeinde gegangen wären. *Aber aufgeweckt hat es uns nicht.* Das gebotene fromme Programm hat unsere Gewohnheit und Routine nicht durchbrechen können, *sondern erhalten.* Wir sind nicht in den Zustand einer neuen Entflammung und Erweckung geraten, in eine neue Bestimmung und Berührung von Gott. *Wir haben nicht überwunden.* Wir sind dieselben geblieben und sind im stressigen Alltags-Einerlei stecken geblieben.

Lauheit ist ähnlich wie Schlaf. Wenn wir schlafen, sind wir zwar nicht tot, aber auch nicht richtig bei der Sache. Wir hängen irgendwo zwischen Traum und Wirklichkeit. Wir mögen vom Leben träumen, aber wir leben es nicht. So ist die Lauheit der Zustand, wo wir uns mit dem, was wir wissen und haben, zufriedengeben, nichts groß weiter erwarten ... und unser Leben „irgendwie so" herumbringen. Wir sind eigentlich schon vorzeitig fertig mit allem und köcheln auf niedriger Flamme vor uns hin. Wir mögen das Bescheidenheit nennen, aber Jesus toleriert diesen lauen Zustand nicht. Wenn wir meinen, wir hätten alles gut geregelt und wären christlich genug und alles liefe doch fein nach Plan wie immer, dann ist das ein gefährlicher Zustand. Der Herr möchte uns Feuer unterm Hintern machen, den Temperaturregler hochschieben und uns in Wallung bringen, um den halblebigen Zustand zu beenden! Er möchte uns aus der Routine und Gleichförmigkeit herausreißen und an seine Seite holen, damit wir zusammen mit ihm das Reich Gottes in Kraft demonstrieren!

Ist uns das eigentlich bewusst, dass Jesus uns *an seiner Seite* haben will auf seinem Thron, um mit ihm gerechte und alles verwandelnde Autorität auszuüben?!

Wer überwindet, dem werde ich geben, mit mir auf meinem Thron zu sitzen, wie auch ich überwunden und mich mit meinem Vater auf seinen Thron gesetzt habe (Offb 3,21).

Wissen wir, dass wir als Männer für diese Position *geschaffen* sind, auf Erden im Namen des Herrn gerechte Herrschaft auszuüben? Und nun mal ehrlich: Was wissen wir über diese Herrschaft wirklich? Können wir darüber länger als fünf Minuten reden? Was wissen wir wirklich über unsere Teilhabe am Thron Gottes? Was wissen wir über diese unglaubliche, atemberaubende Gnade, dem Herrn *so nahe* zu sein, dass wir *mit ihm* auf seinem Thron sitzen? Glaubt einer von uns, dass man da lau sein kann, geistlich vor sich hindöst, seine Tage rumbringt wie einen Schlaf, um dann einzugehen in die Seligkeit? Wisst ihr, wie Jesus einen solchen Zustand findet: zum Kotzen! Und darum ist er entschlossen, Folgendes zu tun: „Ich überführe und züchtige alle, die ich liebe!"

Glauben wir, dass Jesus uns lieb hat? Zu lieb, als dass er uns erlauben kann, unser Leben auf halber Flamme köcheln zu lassen und unsere besten Jahre in religiöser Abgestumpftheit und Apathie zu verschlafen? Wird er die Achseln zucken und immer akzeptieren, dass wir *nicht* an seinem Thron erscheinen und *dennoch* weiterhin glauben, alles sei in Ordnung?

Wie sehr wir die Züchtigung des Herrn brauchen! Dass er seine Peitsche rausholt und durch seinen Tempel fegt, *der doch wir sind*! Dass er uns frisches, lebendiges Wasser ins Gesicht schüttet, uns rüttelt und schüttelt, uns Feuer unterm Hintern macht – *bis* wir aufwachen, zur Besinnung kommen und aufstehen aus dem Schlaf.

Wach auf aus den Toten, der du schläfst, und stehe auf von den Toten! Und der Christus wird dir leuchten (Eph 5,14).

Gott ist nicht im Geschäft frommer Verwaltungsroutine, sondern er ist im Geschäft der Erweckung. Er will Männer aus dem Tod holen und lebendig machen. Er hat uns keine Religion gestiftet, sondern die Auferstehung aus den Toten!

Der Teufel hat akribisch daran gearbeitet, uns einzureden, dass unser halblebiger Zustand völlig in Ordnung ist. Alle seien doch so. Ist doch die Norm. Wir sollen uns doch bitteschön ruhig halten, bescheiden und zurückhaltend benehmen, wie es sich für die Kirche geziemt. Wir sollen doch bitte nicht fanatisch werden und zu viel erwarten. Uns nach den Regeln einpassen und stillhalten, das ist, was Gott mit uns zufrieden macht ...

Wir wurden daran gewöhnt, zu glauben, dass auch Jesus still und passiv im Himmel sitzt und abwartet, bis das unvermeidliche Ende da ist. Wir wurden an ein **statisches Gottesbild** gewöhnt, an einen immer gleichförmigen, unbeweglichen Gott, der uns die Bibel gegeben hat und ansonsten nicht weiter beteiligt ist. Alle haben ihre Anweisungen erhalten, und jetzt sitzt er „droben", sortiert Akten und wartet einfach nur ab, bis er uns richten wird.

Bei einem statischen Gottesbild kommt zwangsläufig eine Kirche heraus, die der Synagoge sehr ähnlich ist und unter der Aufsicht der religiösen Profis wie eine heilige Maschine funktioniert. Die Bibel ist das Gebrauchshandbuch der Maschine und der Klerus sind die Techniker, die sie am Laufen halten, indem sie peinlich genau darauf achten, dass jedes Teil an seinem Platz ist. Und die Menschen sind Bauteile, die an ihrem Platz zu sein und ihre bestimmte Funktion zu erfüllen haben – die sprichwörtlichen „Rädchen im Getriebe".

Aber Gott ist keine Maschine und kein ausgeklügeltes System, er ist eine Person. Die Wahrheit einer Person kann man nur erkennen, wenn man eine Beziehung zu ihr hat. Die Wahrheit bzw. die Wirklichkeit einer Person kann ich nicht in einer Fortbildung lernen und in einem Buch nachlesen. Ich kann sie nur erfahren. Sie erschließt sich nur im Dialog mit der Person. Wir müssen miteinander sprechen. Darum kann man die Wahrheit Gottes nur erkennen, wenn man mit Gott spricht. Um mit ihm sprechen zu können, müssen wir in Beziehung mit ihm treten. Um mit ihm in Beziehung treten zu können, ist Jesus ans Kreuz gegangen, um unsere Sünden, die uns von Gott trennen, zu beseitigen und uns mit Gott zu versöhnen. Das ganze Ziel ist, den seit dem Sündenfall gestörten Dialog wieder aufzunehmen. Jesus hat keine Religion gestiftet, sondern eine lebendige Beziehung zu dem lebendigen Gott. Jetzt können wir ihn „Vater" nennen. In der Religion geht es um die genaue Befolgung von Regeln und Geboten. In einer Beziehung geht es um die Aufrechterhaltung des Gespräches, um die Kultivierung von Nähe und Zusammengehörigkeit.

Männer, diese Zusammenhänge müssen uns klar werden! Mit unserer Bekehrung hat ein Dialog angefangen, eine Gemeinschaft mit Gott. Diese ist ein Geheimnis. Sie kann nicht vorgeschrieben werden, so wie keine wahre Beziehung „nach Vorschrift" läuft. Sie „funktioniert" nur auf einem Weg: „Kommt her zu mir!" Dies war der Aufruf von Jesus. Unvergleichlich drückt er es in Johannes 7 aus, wo er am „großen Tag" des Laubhüttenfestes aufsteht und seine „Theologie" darlegt:

> Wenn jemand dürstet, so komme er zu mir und trinke. Wer an mich glaubt, aus dessen Leibe werden, wie die Schrift sagt, Ströme lebendigen Wassers fließen. Dies aber sagte er von dem Geist, den die empfangen sollten, die an ihn glaubten (Joh 7,37b-39a).

Immer wieder betont Jesus, dass wir die Wahrheit nur erkennen werden, wenn wir ihm folgen und er uns den Heiligen Geist – den Geist der Wahrheit – geben kann. Der wird uns in die ganze Wahrheit führen (vgl. Joh 16,13). Wiederum ist auch der Heilige Geist genau wie auch der Sohn und der Vater kein System und keine Religion, sondern eine Person, mit der man in Beziehung treten muss, um sie zu verstehen.

Die Bibel redet von Jesus als der *lebendigen* Wahrheit. Er ist „der Weg, **die Wahrheit** und das Leben". So beweglich und dynamisch, lebendig und überraschend Jesus vor 2000 Jahren hier auf Erden war, so lebendig, dynamisch, überraschend und lebendig ist er noch immer! Er ist derselbe „gestern, heute und in Ewigkeit" (vgl. Hebr 13,8). Tatsächlich. Niemand kann ihn in ein Buch sperren, mit einer Theologie fesseln und dann „kirchlich" verwalten. Als wäre Gott so klein! Die Wahrheit ist, dass die Wahrheit lebendig ist und nicht statisch. Sie vermittelt sich nicht durch Theologie, Seminare und kirchliche Strukturen, sondern durch die Beziehung zum Vater, zum Sohn und zum Heiligen Geist. Nur so.

Jesus sagt seinen Jüngern, die jahrelang Tag und Nacht mit ihm gelebt haben, dass er ihnen noch **vieles** zu sagen hat, aber dass sie es noch nicht fassen können (vgl. Joh 16,12). Aber der Geist der Wahrheit würde ihnen gesandt werden, um sie in alle

Wahrheit zu führen. Und dieser Geist kam an Pfingsten mit Feuer vom Himmel. Er machte die Jünger nicht zu Theologen, sondern zu Zeugen. Das heißt, sie brachten wie Jesus zuvor das *Ereignis* des Reiches Gottes mitten unter die Menschen. Sie redeten von einer Wahrheit, die sie *erlebten*, einer Wahrheit, die himmlische Kraft hatte.

Glaubt wohl irgendjemand, dass einer von uns Menschen auf Erden bereits in *aller* Wahrheit ist? Dass wir den Geist der Wahrheit und Offenbarung nicht mehr brauchen, da wir nach 2000 Jahren Kirchengeschichte ja wohl wirklich alles wissen, was es zu wissen geben kann?

Paulus betet in Epheser 1, dass Gott uns den „Geist der Weisheit und Offenbarung geben möchte zur Erkenntnis seiner selbst. Er erleuchte die Augen unserer Herzens, damit wir wissen, was die Hoffnung unserer Berufung, was der Reichtum der Herrlichkeit seines Erbes in uns, den Heiligen, und was die überragende Größe seiner Kraft an uns, den Glaubenden, ist ...“ Wenn ich das lese, dann ist mir klar, dass ich keine Ahnung habe. Dann weiß ich, dass der Geist religiöser Routine mich schon wieder eingelullt und in den Schlaf gewiegt hat. Dann weiß ich, dass ich mich schon wieder daran gewöhnt habe, weit unter dem Standard zu leben, den der Herr der Herrlichkeit für mich vorgesehen hat. Dann sehe ich, dass ich schon wieder angehalten wurde und in einen Zustand geraten bin, der mich lau und müde macht.

Siehe, ich stehe an der Tür und klopfe an; wenn jemand meine Stimme hört und die Tür öffnet, zu dem komme ich herein und werde mit ihm essen, und er mit mir (Offb 3,20).

Zwei Dinge sind entsprechend diesem Text für uns zu tun: seine Stimme hören ... und aufstehen und die Türe öffnen. Dann kommt der Herr zu uns herein, nicht um uns die Bibel über den Kopf zu hauen, sondern um *mit uns zu essen.* Warum das? Zusammen zu essen ist der Zeitpunkt, um miteinander zu reden, nicht wahr? Die Wahrheit, die Jesus uns mitteilt, ist keine, die im Klassenzimmer vermittelt wird, sondern beim Abendessen ...

Männer, wacht auf! Der Herr steht vor der Tür und klopft an. Er will hereinkommen. Er will uns begegnen – ganz neu von Angesicht zu Angesicht ... und nichts wird er beim Alten lassen!

Seit ewigen Zeiten habe ich geschwiegen, war still, habe an mich gehalten. Wie eine Gebärende will ich nun stöhnen, schnauben und [nach Luft] schnappen zugleich.
Ich will Berge und Hügel ausdörren und all ihr Kraut vertrocknen lassen. Und ich will Ströme zu Inseln machen und Teiche trockenlegen.
Und ich will die Blinden auf einem Weg gehen lassen, den sie nicht kennen, auf Pfaden, die sie nicht kennen, will ich sie schreiten lassen. Die Finsternis vor ihnen will ich zum Licht machen und das Holperige zur Ebene. Das sind die Dinge, die ich tun und von denen ich nicht ablassen werde.
Es weichen zurück, es werden völlig zuschanden alle, die auf ein Götterbild vertrauen, die zum gegossenen Bild sagen: Ihr seid unsere Götter (Jes 42,14-17).

Hier sehen wir, dass für Gott eine Zeit kommt, wenn er nicht mehr an sich halten kann, wenn es reicht. Er hat lange zugewartet und geschwiegen. Er verhält sich hier so, wie auch viele Männer sich verhalten, die lange Zeit gute Mine zum bösen Spiel machen, die still sind, nichts sagen, sich ihren Teil denken und in ihrer Routine Jahr für Jahr brav vor sich hinarbeiten und aushalten.

Aber dann, nach allzu langem Zuwarten, kommt auf einmal das „Ach!". Da kommt ein Stöhnen, ein Aufbruch und Ausbruch, der ein Element mit sich bringt, was wir dem „lieben" Gott ganz gerne absprechen: *Gewalt.* In Vers 13 heißt es, dass Gott losstürmt wie ein Kriegsheld mit gellendem Feldgeschrei.

Und worauf stürzt er sich? Auf die Götterbilder und die, die auf die gegossenen Bilder vertrauen. Was heißt das für uns? Das heißt, dass Gott unserer Theologie, die ein statisches und kein dynamisches Bild von ihm zeichnet, einen Besuch abstattet! Er verhält sich ganz abweichend von der Norm – genau so, wie Jesus es immer getan hat. Er hat seine Peitsche gezogen und er wird durch die Kirche gehen und eine Verwüstung anrichten, die wir niemals für möglich gehalten hätten. Er wird uns wie rasend erscheinen und wie ein Feind, und wir werden überhaupt nicht verstehen, was los ist, weil wir so an die harmlose Version Gottes, die uns unsere Theologie so lange eingetrichtert hat, gewohnt sind.

Männer, seid ehrlich: Hasst ihr es nicht auch, wenn eure Frauen oder eure Kinder oder eure Kollegen *von euch* dieses kleine, harmlose Bild haben? Ein Bild von einem Mann, Vater und Kollegen, der nichts anderes als langweilig, brav und egal ist? Ein Rädchen im Getriebe, mehr nicht. Berechenbar und eigentlich austauschbar ... Habt ihr nicht auch manchmal Lust, ein „gellendes Feldgeschrei" zu erheben und diese **Bilder** von euch dem Erdboden gleichzumachen und alle in Erstaunen zu versetzen, dass ihr eigentlich ganz anders seid? Dass euer Leben in Wahrheit viel mehr als Routine und Pflichterfüllung ist? Dass ihr die Ewigkeit im Herzen habt? Dass ihr viel größer seid als die Rollen, die ihr als Ehemänner, Väter und Kollegen spielt? Dass ihr Träume und Sehnsüchte habt, die ihr keinem je erzählen konntet, weil die Beziehungen zu niemandem so geartet sind, dass das überhaupt geht? Weil das das System zum Wanken bringen würde und man euch vielleicht für „seltsam" halten würde?

Dies ist genau das „Problem" Gottes. Er sucht nicht Bürokraten, sondern Verbündete, die mit ihm durch dick und dünn gehen; die er „Freunde" nennen kann, denen er *seine* Geschichten erzählen und seine Wahrheiten zumuten kann!

Ich nenne euch nicht mehr Sklaven, denn ein Sklave weiß nicht, was sein Herr tut; euch aber habe ich Freunde genannt, weil ich alles, was ich von meinem Vater gehört habe, euch erzählt habe (Joh 15,15).

Hier sehen wir es bestätigt, wie Jesus nach Freunden sucht, denen er seine Geheimnisse offenbaren kann, und Vertraute, denen er sein Herz mitteilen kann.

Wie mag es Gott mit unseren frommen Systemen gehen? Welche Rolle haben wir ihm darin zugewiesen? Eine, die uns mit ihm zu Freunden macht? Eine, die uns jeden Widerstand überrennen lässt, um nah an seinem Herzen zu sein? Das Bild, das wir von

Gott haben: Weckt es unseren Eifer? Macht es uns zu Vertrauten? Füllt es uns mit überfließendem Leben, und lässt es unser Gesicht leuchten?

Oder sind wir fertig mit Gott?

Gibt es von dem Jesus, der sagt: „Siehe, ich mache alles neu!" nichts Neues mehr zu erwarten? Haben wir also doch einen statischen und keinen dynamischen Gott?

Haben wir lediglich einen unpersönlichen Gott, der uns am Sonntagmorgen zum Rapport in der Kirche sehen will, oder haben wir einen Freund, der uns zu Hause zum Abendessen besuchen will?

Liebe Männer und Brüder, ich bin vollkommen überzeugt davon, dass Gott mit uns *nicht* fertig ist. Aber ich verstehe auch, dass die Zeit gekommen ist, unsere Götterbilder zu vernichten und zu verbrennen mit einem heiligen Zorn, den wir von Gott so nicht gekannt und erwartet haben. Alles, was eine wahre, tiefe Beziehung mit Jesus hindert oder ersetzt, kommt auf den Prüfstand. Da müssen ganze Berge und Hügel falscher Theologie dem Erdboden gleich gemacht werden und trübe „Stille-Zeit"-Wasserstellen, auf die wir uns verlassen haben, ausgetrocknet werden von einem sengenden Wind.

> ... *wenn vor deinem Angesicht die Nationen erzittern, wenn du furchtgebietende Taten vollbringst,* **die wir nicht erwarteten** *und die man von alters her nicht vernahm. Kein Ohr hörte und kein Auge sah je einen Gott außer dir, der an dem handelt, der auf ihn harrt* (Jes 64,2-3).

Dass Gott uns in die Gänge bringt, aufzubrechen zu neuen Wegen, die wir *nicht* gekannt haben und die *nicht* schon von 1000 Jahren Kirchentum ausgetreten sind, darum geht es. Wege zu gehen, die kein Auge zuvor gesehen und kein Ohr zuvor gehört hat und die in keines Menschen Herz gekommen sind.

Das ist, „was Gott tun und wovon er nicht lassen wird" (vgl. Jes 42,16). Und wenn wir uns noch so sehr an das Gewohnte und Gehabte klammern: Es ist aus damit. So geht es nicht weiter. Wir sind an einem Punkt angelangt, an dem eine Wende unvermeidlich ist. Bitte kalt oder heiß – aber nicht weiter lau!

Es ist nicht einfach, eine Botschaft wie diese zu bringen, die nicht nur nett und erbaulich ist und ausschließlich wiederholt, was Männer schon Hunderte Male zuvor gehört haben.

Diese Botschaft will uns ins Tal der Entscheidung bringen, an den unbequemen Punkt, wo es nicht um Würstchen grillen im Gemeindegarten oder eine Weihnachtsspende an Misereor geht, sondern um Leben und Tod, um die Zukunft der Gemeinde. Darum, ob wir lau bleiben und Jesus uns ausspucken wird oder ob wir zur Besinnung kommen und erneut um den Geist der Wahrheit bitten, er möge uns die Wahrheit über uns, über Jesus und über unsere Beziehung zu ihm ungeschminkt offenlegen. Es geht um nichts weniger als die Erweckung einer *heiligen Freundschaft* mit Jesus. Die Frage ist, ob wir ihm erlauben, mit seiner Peitsche durch unser System zu fegen und jedes Hindernis aus dem Weg zu räumen.

Männer, wir sind im Licht der Herrlichkeit Jesu arm, blind und bloß, da gibt es kein Vertun. Ich glaube ganz bestimmt: Gott hält sich nicht mehr länger zurück; er ist aufgestanden und legt sich mit den Götterbildern an. Er greift zu den Waffen, weil er um uns kämpfen wird.

Männer, die sich weiter zurückhalten, um bloß den Status quo zu erhalten und sich mit möglichst geringem Aufwand durchzumogeln, werden ihr blaues Wunder erleben. Die wird der Himmel besuchen und mit ihrer Lauheit konfrontieren, dass ihnen Hören und Sehen vergeht. Manche aber werden ihn auch dann unbeirrbar in ihrem Trott überhören, wenn er an ihre Tür klopft, und dann bleiben sie zurück und werden auf dem Weg ihrer Götterbilder zuschanden. Das werden sie dann gar nicht verstehen – ganz so wie die Pharisäer.

*Diesen zweiten Brief, Geliebte, schreibe ich euch bereits, in welchen [beiden] ich durch Erinnerung eure lautere Gesinnung **aufwecke,** damit ihr gedenkt der von den heiligen Propheten [schon] vorher gesprochenen Worte und des durch eure Apostel [übermittelten] Gebotes des Herrn und Heilandes und zuerst dies wisst, dass in den letzten Tagen Spötter mit Spötte-*

rei kommen werden, die nach ihren eigenen Begierden wandeln und sagen: Wo ist die Verheißung seiner Ankunft? Denn seitdem die Väter entschlafen sind, bleibt alles so von Anfang der Schöpfung an (2 Pt 3,1-4).

Hier haben wir die konservative Ansicht, dass sowieso alles bleibt, wie es schon immer war. Eine Veränderung gibt es nicht. Dass Jesus *wirklich* an *unsere* Tür klopfen sollte – und das auch noch mit der Peitsche in der Hand, um mit uns „ins Gebet" zu gehen – undenkbar.

Im weiteren Verlauf des Kapitels werden von Petrus Beispiele dafür gebracht, wie Gott in der Geschichte sehr wohl dramatisch eingegriffen und nichts gelassen hat, wie es war, etwa bei der Sintflut. Und als Resümee mahnt uns Petrus, wir sollten wachsam sein und damit rechnen, dass „der Tag des Herrn kommt wie ein ... Dieb" (vgl. 2 Pt 3,10). Wir können es uns nicht erlauben, zu schlafen und davon überrascht zu werden. Wir sollen damit rechnen, dass Jesus sich aufgemacht hat, uns heimzusuchen. Er wird auf einmal vor unserer Tür stehen, und er wird sich dabei nicht nach unserem Terminkalender und unserer Agenda richten. Wollen wir nicht als diese von Petrus so genannten „Spötter" gefunden werden, die keinerlei Erwartung an Gott und sein Eingreifen haben und in ihrer christlichen Routine vor sich hindösen!

Wer ist nun der treue und kluge Knecht, den sein Herr über sein Gesinde gesetzt hat, um ihnen die Speise zu geben zur rechten Zeit? Glückselig jener Knecht, den sein Herr, wenn er kommt, bei solchem Tun finden wird! Wahrlich, ich sage euch, er wird ihn über seine ganze Habe setzen.

Wenn aber jener als böser Knecht in seinem Herzen sagt: Mein Herr lässt auf sich warten, und anfängt, seine Mitknechte zu schlagen, und isst und trinkt mit den Betrunkenen, so wird der Herr jenes Knechtes kommen an einem Tag, an dem er es nicht erwartet, und in einer Stunde, die er nicht weiß, und dann wird er ihn entzweischneiden und ihm sein Teil festsetzen bei den Heuchlern: Da wird das Weinen und das Zähneknirschen sein (Mt 24,45-51).

Was wollen wir sein? „Böse Knechte", die achselzuckend sagen, es bleibt ja doch alles, wie es ist, der Herr kommt ja sowieso nicht? Oder wollen wir aufwachen und mit dem Herrn rechnen?

Der Mann, der sich dem Patriarchen Jakob in 1. Mose 32 *ganz unerwartet* in den Weg stellte, war *der Herr*. Gott stellt sich seinen Männern in den Weg. Sie haben natürlich ihren eigenen Plan und Weg und folgen ihren „Geschäften" so wie Jakob. Dem ging es eigentlich nur darum, wie er sich Gott für seine Geschäfte zunutze machen konnte, um gesegnet zu werden. Gottes Totalanspruch auf sein Leben hatte er einfach auf irgendwann später vertagt. Schließlich hatte er viel zu tun. Da „stellte" ihn Gott und *rang mit ihm die ganze Nacht*. Das war nun wirklich ein Schocker. Wie die vielen Männer heute, so ging auch Jakob im Traum nicht davon aus, dass Gott ihm *so nahe* kommen und auf den Pelz rücken würde. Es dauerte dementsprechend seine Zeit, bis Jakob überhaupt auf die Idee kam, dass der Mann, der mit ihm rang, Gott sein könnte! Ich finde es bemerkenswert, dass Jakob so viel Kraft hatte, eine ganze Nacht Ringkampf durchzuhalten! Auch heute kämpfen und ringen Männer manchmal erstaunlich lange, ehe sie auf die Idee kommen, dass es Gott sein könnte, der ihnen im Wege steht.

Jakob stand an einer Grenze in seinem Leben. Diese wurde durch den Fluss Jabbok symbolisiert, über den er all seine Habe, seine Frauen, Herden und Knechte hatte vorausziehen lassen, auf dem Weg, sich mit seinem Bruder zu versöhnen, den er einst mächtig betrogen hatte. Aber um diesen Weg zu gehen und über diese Grenze zu kommen, musste Jakob ein anderer Mensch werden! Sonst würde aus all seinen guten Vorsätzen doch wieder ein Verrat und Betrug werden wie schon immer in seinem Leben. Man kann in bestimmte Segnungen und die Erfüllung der Berufungen von Gott nicht hineinkommen, wenn man derselbe bleibt wie zuvor. Ein neuer Weg verlangt einen neuen Mann.

Männer wie Jakob sind sehr zweckorientiert. Sie schauen, wofür Gott ihnen nützlich sein kann. Zumeist finden sie aber, dass Gott völlig unnütz ist, weil er ja sowieso nicht eingreift. Also regeln sie auf Gedeih und Verderb alles selber – oder verstecken sich. Jakob kannte beides gut.

Der Tag kommt für uns alle, da *wird* Gott eingreifen und mit uns ringen! So lange, bis wir mit unserer Kraft am Ende sind und akzeptieren, dass jetzt Gott am Zug ist. Dann verwandelt er uns in die Männer, die für seine Herrlichkeit tauglich sind. In Männer, die seine Nähe aushalten. Das haben wir nicht erwartet! Das hat uns keiner gepredigt. Warum eigentlich nicht? Warum wird so viel Routine gepredigt und so wenig Verwandlung? Worum kämpft Gott denn mit uns? Er kämpft doch nicht mit uns, um uns seine heiligen Regeln aufzudrücken, er kämpft mit uns ... *um uns*. Er verfolgt das Ziel, dass wir von Jakob zu Israel verwandelt werden, dass wir nicht dieselben bleiben. Er wird uns mit unserem Jakobsstil des Selbstbetrugs und der Korruption nicht weiter durchkommen lassen. Er wird uns einen Schlag versetzen, der uns zur Besinnung darüber bringen wird, wer wir eigentlich wirklich sind und worum es in unsrem Leben eigentlich wirklich geht. Er wird uns zeigen, wer Gott eigentlich ist: nämlich GOTT, der vollen Anspruch auf uns erhebt und einen jeden als einen Sohn erzieht, damit er sein Haus und seinen Thron teilen kann. Der uns Heiligkeit *gebietet* und uns zu seiner Zeit keine Wahl und keine weitere Zeit mehr lässt, Spielchen zu spielen oder das Leben mit Bagatellen zu vertun. Der uns entgegentritt bei Nacht, um mit uns um uns zu kämpfen bis zur Agonie.

Jetzt ist die *Zeit der Berührung und Bestimmung* für das Kommende, sonst gibt es kein Kommendes für uns.

Ich glaube, dass Gott von uns Männern erneut verlangt, unsere eigenen Wege und Vorstellungen („Götterbilder") auf den Altar zu legen zum Verbrennen und uns zu heiligen. Sich „zu heiligen" heißt: ihm zu gehören, ihm *mehr* zu gehören als zuvor. Darum wird er mit uns kämpfen und ringen. Zu viele Männer gehören zu viel sich selbst und ihren eigenen Geschäften wie auch zweckrationalen, traditionellen Vorstellungen von Gott und Frömmigkeit. In ihrem Tempel stehen Götterbilder! Der wahre Gott will sie umstürzen, weil sie nur Trug sind. Jesus ist auf dem Weg zu uns, die wir sein Tempel sind, und hat seine Peitsche in der Hand! Wir brauchen keine Bilder. Wir brauchen keine Religion. Wir brauchen keine Pharisäer. *Er selbst* kommt zu uns. Dann werden wir *ihm* folgen, dem *lebendigen* Gott: Dem Gott, der *in Bewegung* ist, der nicht festzulegen, nicht festzuhalten und nicht abzuhaken ist; dem Gott, der uns verwandelt von Jakob in Israel, damit wir bei ihm sein können, wohin auch immer er geht. Männer, wo stehen wir: Sind wir am Anfang oder am Ende mit Gott?

Nachgefragt

• Wo erkennst du in deinem Leben jene „religiöse Lähmung", die sich durch Gewöhnung und Routine einstellt? Für wie gefährlich hältst du sie?

• Wie sieht es damit in deiner Gemeinde aus?

• Welche Vorstellung hast du von Jesus? Die eines „Religionsstifters", eines „himmlischen Verwaltungsbeamten", eines „Kirchenmannes"? Oder stammen deine Vorstellungen wirklich aus den Evangelien und einem persönlichen Dialog mit ihm?

• Dasselbe kannst du dich hinsichtlich deiner Vorstellungen von „Kirche" fragen.

• Wie kannst du das „Hören" der Stimme Jesu und das „Öffnen deiner Herzenstüre" für ihn kultivieren? Hast du den Heiligen Geist danach gefragt? Mit welchen Freunden kannst du darüber sprechen?

KAPITEL 4

Männer-Träume

Der Anblick der schwarzen Vögel hat den Eindruck des Zustandes der Hoffnungslosigkeit, in dem sich das Feld der Männer befindet, noch verschärft. Der Acker ist wie besetzt, und ich fühle die Hilflosigkeit dieses verödeten Fleckens Erde. Aber die Vögel haben auch etwas in mir geweckt, was bisher in dieser Vision wie betäubt war: Empörung. Ich spüre auf einmal, wie sich mein Herz mit diesem kargen Boden verbündet und sich zu ihm stellt. Das ist wohl immer der erste Schritt der Rettung. Diesem folgt als Zweites das Visionieren einer Veränderung. In der großen Pfingstpredigt in Apostelgeschichte 2 zitiert Petrus die Propheten, die darüber sprachen, dass wir Träume und Gesichte haben würden, wenn der Heilige Geist auf uns kommt. Mitten in einer verlorenen und hoffnungslosen Welt werden wir wunderbare Träume und Visionen über ihre Wiederherstellung und Rettung haben. Dies wird uns befähigen, anders über die Welt zu denken, zu reden und mit ihr umzugehen, als wir es zuvor konnten.

Nun stehe ich in der Kraft des Heiligen Geistes am Rande des tristen Feldes der Männer und träume laut vor mich hin: Könnte nicht der Himmel aufreißen und die Finsternis vergehen? Könnte nicht das helle Licht die Krähen schrecken und eine frische Brise Hoffnung herbeiwehen? Könnte ich nicht im Namen Gottes Anspruch auf diese Scholle erheben und für ihre Verwandlung in ein wunderbares und fruchtbares Feld beten? Vor meinem inneren Auge formen sich diese und andere gute Vorstellungen, und auf einmal wird mir klar, warum ich hier bin. Ich bin der Bote, der den Himmel zu diesem verzweifelten Stückchen Erde bringen soll. Aber dafür muss ich ihn mit anderen Augen sehen als mit den natürlichen, denn diese sehen nur Elend und Dunkelheit. Ich muss mit offenen Augen den Traum Gottes träumen über dieses Feld ...

„Träume" sind in der Bibel ein großes und breites Thema. Und in unserem Leben ist es das auch. Gott redet durch Träume – und das nicht nur zu frommen Menschen, wie uns viele eindrückliche Beispiele in der Heiligen Schrift zeigen. Der Umgang mit gottgewirkten Träumen in unserem Herzen ist wichtig, aber niemand belehrt uns darüber. Warum eigentlich?

Wie wir im vorigen Kapitel gesehen haben, ist es wichtig, auf unser Herz zu achten. Es hat sein eigenes Tempo und ebenso seine eigene Sprache, und Gott offenbart sich darin mit Träumen und Visionen. Eltern täten gut daran, ihre Kinder nach ihren Träumen zu fragen. Sie würden staunen, was diese über das Herz ihrer Kinder aussagen und welch großer innerer Reichtum doch aus dem Herzen entspringt. Tun wir aber die Träume und Visionen unserer Kinder als belanglose Spinnerei ab, sabotieren wir diesen Reichtum und bringen die Quelle durch Nichtbeachtung zum Versiegen. Gott bewahre uns davor! Wir brauchen so viele gesunde Herzen wie nur möglich, durch die Gott uns erreichen und die Welt segnen kann.

In den bekannten Worten der Pfingstpredigt von Petrus wird die zentrale Bedeutung der Träume hervorgehoben:

Und es wird geschehen in den letzten Tagen, spricht Gott, dass ich von meinem Geist ausgießen werde auf alles Fleisch, und eure Söhne und Töchter werden weissagen, und eure Jünglinge werden Gesichte sehen, und eure Alten werden Träume haben ... (Apg 2,17).

Eine anschauliche Geschichte eines „Jünglings", der Traumgesichte hatte, die ihn in die Historie des Altertums eingehen ließen, ist Joseph. Über seine Erfahrung möchte ich sprechen. Denn Joseph ist ein Mann bzw. ein werdender Mann – und zu diesem Werden trugen seine jugendlichen Träume ganz entscheidend bei. Männer haben Träume! Sehr früh in ihrem Leben beginnt sich eine Geschichte aus dem Inneren heraus zu entfalten, die dem Leben und Werden Richtung und Sinn gibt. Dies zu missachten, ist äußert unklug.

Schockierenderweise finden wir gleich zu Anfang der Geschichte über die Träume Josephs den unerfreulichen Satz:

Und Joseph hatte einen Traum, den erzählte er seinen Brüdern; da hassten sie ihn ... (1 Mo 37,12).

Leider reagierten die Brüder und die Familie ganz anders auf die Träume des jungen Joseph als später der Pharao, der Joseph anerkannte als einen Mann, „in dem der Geist Gottes wohnt". Sie lehnten sowohl den Traum als auch den Träumer rundweg ab. Und das ist leider auch heute in der Gemeinde weit verbreitet. Mit gottgewirkten Träumen und Gesichten wird – wenn überhaupt – nur als kuriose Ausnahmeerscheinung gerechnet, bei „Jünglingen" schon gar nicht. Es wird auch nicht als notwendig erachtet, „da wir ja die Schrift haben". Und wenn die Träume nicht in die gängigen theologischen Konzepte passen oder sich ihre Bedeutung nicht sogleich erschließt, ist man schnell damit fertig. Es ist inopportun, sich mit Träumen abzugeben. Und so erlebt auch heute ein Mann häufig die Wiederholung der Geschichte: Er hat einen Traum, erzählt ihn seinen Brüdern und ... blitzt mächtig ab.

Viele Männer haben mir in seelsorgerlichen Gesprächen schon Träume mitgeteilt, die sie nie im Leben gewagt hätten, irgendjemandem, geschweige denn ihrer Gemeinde, zu erzählen. Erst wenn sie gleich die Deutung des Traumes hätten mitliefern können und am besten auch schon die Ergebnisse bzw. Erfüllung, hätten sie *vielleicht* in Form eines Zeugnisses darüber berichtet. Denn erst *im Nachhinein* hätten sie sich sicher genug gefühlt, darüber zu sprechen. Ich habe erlebt, wie sehr sie die Verurteilung und das Missverstehen ihrer Freunde und Gemeinde fürchteten. Und folglich schwiegen sie. Wie Männer das ja so oft tun. Sie behalten alles für sich, bewegen es eine Zeit lang tief in ihrem Innern und vergessen und verdrängen es dann schließlich. Einem Mann zu entlocken, was er *wirklich* in seinem Herzen denkt, braucht Geschick und Geduld. Eigenschaften, die heute keiner mehr hat, weil immer Eile geboten ist und nur Ergebnisse zählen. Aber so läuft das nicht ...

Wie sehr haben sich „die Brüder" über Joseph geärgert, weil dieser einfach Träume hatte – und darin auch noch eine Botschaft Gottes sah, *die ihn zu etwas Besonderem machte*. Obwohl er der Jüngste war! Wie kam er mit seinen gerade mal 17 Jahren dazu?! Das ärgerte sie ...

Dabei ging, wie wir *im Nachhinein* wissen, die schicksalhafte Bedeutung dieser Träume weit über das hinaus, was die Brüder erkannten, erwarteten und glaubten. Es ging um die Zukunft. Und es ging *um ihre Rettung* in dieser Zukunft! Weil das natürlich ihren Horizont überstieg, konnten sie nichts damit anfangen, als sich darüber zu ärgern und Joseph abzuweisen. Keine sehr geistliche Handhabung! Sie waren nicht in der Lage, *sich* in Frage zu stellen, und nicht bereit, über den Worten von Joseph *Gott* zu suchen. Sie waren nur in der Lage, Anstoß zu nehmen ...

Verunsichernd war irgendwie auch, dass Josephs Träume etwas darstellten, was sie nicht *kontrollieren* konnten. Ja, die Träume deuteten ärgerlicherweise an, dass *sie* sich sogar noch „beugen" müssten, statt umgekehrt, dass sie die Beugenden sein würden. Das ist so ein Problem mit den Träumen und Gesichten. Sie umgehen einfach unsere Vorstellungen und Traditionen der Kontrolle. Sie fragen nicht erst um Genehmigung von „vorgesetzter Stelle" und nach professioneller Prüfung von Experten. Sie fordern unangekündigt und unerwartet unsere Erwartungslosigkeit und Verschlafenheit heraus. Sie *stören* uns. Und das ist eine Wahrheit, die wir immer wieder erfahren werden: dass Gott uns nur erreicht, wenn er uns stört und provoziert. Gerade das, was wir „hassen" und gerne abstellen wollen, erweist sich als das Mittel Gottes, uns aus unserer Routine und Verschlafenheit herauszureißen, *um uns zu retten*.

Wie viele gottgewirkte Träume von der psychologisch geschulten Seelsorge unserer Gemeinden fehlgedeutet, von rational denkenden Gemeindemanagern ignoriert oder vom pastoralen Team so interpretiert wurden, dass sie lediglich den Status quo bestätigten, ist so eine Frage. Wie viel Rettung aus Gründen dieser Fehldeutungen, Ignoranz und eigennütziger Interpretationen *nicht* zustande kam, ebenfalls.

Gott hatte etwas *ganz anderes* im Sinn mit den Träumen, die er dem 17-jährigen Joseph gab, als das, wovon Psychologen, Manager und Prediger – die Brüder eben – ausgehen. Was Joseph da *wirklich* geträumt hatte – *die kommende Rettung* – interessierte eigentlich niemanden. Weder die Brüder Josephs noch seinen Vater Jakob. Was sollten auch diese Jugendträume anderes sein als typische Größenideen eines jungen Mannes voller Testosteron? Schnell waren sie mit ihrem Urteil über die Träume Josephs fertig, glaubten, ganz genau zu wissen, was diese Träumereien sind, und reagierten vollkommen fleischlich darauf: mit Wut und mit Ablehnung. Das war hart.

Eine Familie, aber auch eine Gemeinde kann sehr böse werden, wenn ihre Mitglieder sich nicht in allem nach *ihr* richten, sondern *eigene* Träume hegen. Wie gefährlich!

Die Familienerfahrung und ebenso die Gemeindeerfahrung kann wie ein ständiger Filter wirken, der alles ausblendet, was nicht in die Familien- bzw. Gemeindephilosophie passt, und jedes Mitglied auf eine bestimmte Position und Rolle festlegt. Was Gott will, ist dabei meist nicht wirklich relevant. Er soll unsere Agenda einfach absegnen und gut. Er wird ja wohl nicht etwas anderes wollen als wir ...

Gerade im Familienzusammenhang, wo man sich so gut nach dem Fleisch kennt, werden geistgewirkte Dinge oft völlig verkannt, und je nachdem, wo einer in der Familienhierarchie steht, nicht einmal geduldet. So wollten Josephs Brüder schließlich so weit gehen, ihn zu töten! Dermaßen empörend fanden sie Josephs Benehmen. Das Risiko weiterer Träume musste abgestellt werden, um die Familie vor der Verletzung ihrer Integrität zu schützen!

Auch bei einem jungen Mann namens Jesus war das nicht anders. *Gerade* seine eigenen Leute ärgerten sich an ihm (vgl. Mt 13,54-57a) und wollten ihn töten (vgl. Lk 4,16-29). Denken wir auch daran, dass gerade die Brüder und Mutter von Jesus der Meinung waren, Jesus sei schlichtweg verrückt geworden und müsse *eingefangen* werden! (vgl. Mk 3,21).

Nie wären sie darauf gekommen, worum es in Wahrheit eigentlich ging: *Sie zu retten in der kommenden Not.*

Diese Geschichte kann uns lehren, die Träume eines jungen Mannes nicht so einfach als rein seelisch oder als hormonell bedingt abzutun. Das kann ja durchaus sein – aber es kann auch anders sein ... Es braucht Unterscheidung.

Alle Gemeinden meinen natürlich, sie wären in der Lage, zu unterscheiden, was von Gott ist und was nicht. Sie verhalten sich dabei oft wie Ärzte, die unter dem Druck stehen, nach wenigen Momenten der Untersuchung direkt eine Diagnose stellen zu müssen, damit ein Krankenschein ausgestellt werden kann und der ganze bürokratische Apparat reibungslos funktioniert. Das System verlangt Effizienz und Eile und führt dadurch unweigerlich zu zahllosen Fehldiagnosen mit bedenklichen Folgen. Unterscheidung – oder modern ausgedrückt: Differenzierung – braucht Zeit. Sie braucht Beobachtung und Beschäftigung mit der Sache.

Gott gibt Offenbarungen in Visionen und Träumen symbolhaft. Erst wenn wir weiter darüber nachdenken, beten und Gott befragen, entfalten sich weitere Details und Zusammenhänge – alles Dinge, für die heute keiner Zeit hat.

Gottes Ehre ist es, eine Sache zu verbergen, die Ehre der Könige aber, eine Sache zu erforschen (Spr 25,2).

Zwar haben wir immer wieder für Rettung und Hilfe in allerlei Angelegenheiten gebetet, vielleicht sogar eine regelmäßige Gebetsstunde in der Gemeinde eingerichtet. Aber dass Gott Antworten ausgerechnet durch Träume schicken könnte, das haben wir meist *im Traum nicht* erwartet – und wenn jemand überhaupt einmal wagt, einen Traum zu erzählen, dann bringen wir diesen nicht in Zusammenhang mit den Gebeten der Gemeinde.

Wir verstehen einfach nicht, glauben aber, dass wir sehr wohl verstehen. Das ist das Dilemma.

Was wäre, wenn Gott – viel öfter als wir meinen – als Antwort auf unsere Gebete und als Rettung für die Zukunft *Männern Träume gibt*? Träume, die etwas von der Berufung eines Mannes initiieren; Träume davon, wie er eine *Antwort Gottes auf die aktuellen und kommenden Nöte wird: ein Retter*.

Außerdem sind wir der Ansicht: Wenn der Traum nicht dem Pastor oder den Ältesten zuteil wurde – also den Zuständigen –, sondern „einem aus der Jugend", dann kann das ja nichts sein – außer ärgerlich ... Da will doch nur einer auf sich aufmerksam machen!

Wir müssen allerdings zugeben, dass Gott erstens durch die ganze Schrift hindurch – sowohl im Alten als auch im Neuen Testament – mit Träumen gearbeitet hat und dass diese zweitens zumeist *nicht* dem Klerus, sondern „Normalos" zuteil wurden. Und diese waren mehr als nur einmal Jugendliche.

Das heißt, dass Gott sich nicht immer nach unseren Statuten und „Zuständigkeiten" richtet, was uns genauso ärgern mag wie die Familie von Joseph. Wenn es doch um das Schicksal des Volkes Israel ging, warum hat Gott denn dann nicht zum Patriarchen Jakob gesprochen? Das wäre doch zu erwarten. Hätte er denn so etwas Wichtiges nicht einem reifen Mann und Leiter mitgeteilt, anstatt einem Jungen? Natürlich. Diese Argumente überzeugen durch ihre Logik – und darum erleiden wir das gleiche Schicksal wie unsere geistlichen Vorväter wieder und immer wieder. Wir sind weder in der Lage, das Reden Gottes zu unterscheiden, noch, über unsere traditionellen Sichtweisen hinauszublicken. Immer soll Gott sich nach uns richten, anstatt dass wir uns nach ihm richten.

Darum müssen wir in unserer Beurteilung der „Träumer" vorsichtig sein, um uns nicht der gleichen Fehleinschätzung, Eifersucht und Missgunst schuldig zu machen wie die Brüder des Joseph. Diese Schuldigmachung geschieht leider unentwegt und wird zumeist kaum bemerkt.

Gott sendet einen Traum in ein junges Leben, weil die Entfaltung des Traumes das ganze Leben brauchen wird. Der Traum wird aber von den Brüdern und Ältesten weder verstanden noch geschätzt, sondern mit Misstrauen und der Bereitschaft gehört, dem Träumer Stolz und Rebellion zu unterstellen. Und tatsächlich sieht man in seinem jugendlichen Fleisch auch alle Tendenzen dazu. Und tatsächlich könnte sich der Träumer seiner Inspiration rühmen und meinen, er wäre jemand. Ist er doch noch so jung und unerfahren. *Dennoch* brauchen wir die Weisheit, durch den Schleier des Fleisches hindurchzuschauen und *zu erkennen, was es wirklich ist.* Denn vielleicht ist es *die Zukunft.*

Die Begleitung der Entfaltung einer Vision ist uns oft nicht möglich, weil das Zeit, Gebet und Nachdenken kostet – und so muss Gott viele junge Leute aus unserem System herausholen, um sie ganz woanders auszubilden und durch all die nötigen Entwicklungen zu bringen, die es braucht, um Retter aus ihnen zu machen. So geschah es mit Joseph. Wir halten diese Leute in dieser Zeit zumeist für „abgefallen". Wie wir uns irren!

Weil wir zu wenig über sie gebetet haben, Gott in ihren Träumen nicht erkannten und folglich auch die Berufung und Zukunft dieser jungen Männer nicht gefördert und begleitet haben, ist oft vieles unentwickelt liegen geblieben und haben sich viele Visionen nie entfaltet. Männer sind auf ihrem Wege, Retter zu werden, gestrauchelt und nicht wieder hochgekommen und haben das Stadium der Reife nicht erreicht. Eine Tragik.

Da zerbrechen die Träume und machen großer Enttäuschung Platz und dem Gefühl, betrogen worden zu sein. Das ist in vielen Familien und Gemeinden ein großes Problem. Selbst den besten Predigten und großartigsten Prophetien wird keinerlei Glauben mehr geschenkt. Es wird nicht mehr darauf reagiert. Insbesondere von den Männern. Ein Phänomen, das viele Pastoren und Mitarbeiter geradewegs zur Verzweiflung treibt.

Ein getäuschter Bruder ist unzugänglicher als eine befestigte Stadt ... (Spr 18,19).

Leider haben heutzutage junge Männer und ihre Träume genauso schlechte Karten wie damals bei Joseph. Und leider werden viele von ihnen wie Joseph weggehen müssen, um von Gott außerhalb unseres frommen Systems zugerüstet zu werden. *Um uns zu retten!* Etwas, was wir uns überhaupt nicht vorstellen können. Für uns ist der Segen allein in der Gemeinde zu finden. Außerhalb ist für uns die tiefe Finsternis und böse Welt.

Der Segen ist aber nicht in der Gemeinde, sondern in Gott. Und der spricht immer noch in Träumen zum Herzen von Männern. Er legt einen Keim von Berufung in sie hinein, der dem Leben eine bestimmte Richtung und Entwicklung gibt, die, wenn alles gut geht, einen Mann zu einer wirkungsvollen Antwort Gottes und zu einem Retter macht. Und welcher Mann wollte das nicht?

Ein junger Mann ist noch zugänglich für diese Träumerei, weil sein Herz noch nicht durch Enttäuschungen hart geworden ist. In diesem Lichte ist es zu verstehen, dass Gott oft sehr früh im Leben zu einem Menschen spricht. Denken wir in diesem Zusammenhang nur einmal an die Geschichte des jungen Samuel in 1. Samuel 3. Die Ernsthaftigkeit eines gottgegebenen Traumes und die Naivität eines Jugendlichen oder Kindes passen scheinbar nicht zusammen. Darum können wir uns leicht ärgern – und leicht irren.

Manchmal gibt Gott den ihrem Kind zugedachten Traum den Eltern bereits vor der Geburt ihres Kindes. Auf diese Weise können die Alten Träume haben über die Visionen der Jungen und so deren Berufung dienen – von Anfang an. Damit „retten" die Alten die Jungen, damit diese später wiederum die Alten retten ...

In Wahrheit brauchen wir alle viel Rettung. Nicht nur die Errettung von unseren Sünden durch das Blut Christi. Nein, ganz praktisch brauchen wir in einer gefallenen Welt ständig Rettung in irgendeiner Angelegenheit und irgendeiner Form. Unsere Familien brauchen Rettung, unsere Kommunen brauchen Rettung und unsere Völker brauchen Rettung. Immer braucht es Menschen, die von Gott für die „Not der Stunde" zubereitet worden sind und nun handeln können. Möge Gott uns helfen, „Brüder und Väter" zu sein, die nicht ignorant gegenüber der Berufung der Söhne sind, sich nicht ärgern und unwissentlich gegen die Bestimmung eines Menschen arbeiten, sondern genau umgekehrt. Wir brauchen die Josephs ...

Nachgefragt

- An welche besonderen Träume von dir kannst du dich noch erinnern? Worum ging es? Konntest du mit jemandem darüber reden?
- Gibt es einen Traum, der sich wiederholt? Welcher? Schreibe ihn auf. Bete darüber.
- Gibt es zerbrochene Träume und Hoffnungen in deinem Leben? Welche? Über welche Träume hat man (wer?) gelacht und sie als Unsinn abgetan? Kannst du mal eine Runde spazieren gehen und die entsprechenden Erfahrungen Gott erzählen?

- Was würdest du tun wollen, wenn du genügend Geld, Zeit und Möglichkeiten hättest?
- Wie geht deine Frau/Familie und wie deine Gemeinde mit dem Thema „Träume und Visionen" um?

TEIL 2: REVOLUTION

Ich bin gekommen,
Feuer auf die Erde zu werfen,
und wie wünschte ich,
es wäre schon angezündet!

Jesus in Lukas 12,49

KAPITEL 5

Einführung zu Teil II

In diesem zweiten Teil geht es um die Transformation einiger sehr grundlegender Bereiche unseres geistlichen Lebens. Wie hoffentlich aus dem ersten Teil des Buches klar geworden ist, beginnt die Transformation damit, dass wir Gott nicht länger dafür hernehmen und zweckentfremden, eine religiöse Machtstruktur aufrechtzuerhalten, ein Leben nach Regeln zu führen und eine fromme Rolle zu spielen. Der Heilige Geist will uns keineswegs in scheinheilige Marionetten verwandeln, sondern in das Bild Christi, und er ist der Einzige, der uns die Wahrheit über Christus, über uns selbst und unser Leben zeigen kann. Für eine Konfrontation mit der Wahrheit, die die Qualität hat, uns wirklich zu verwandeln, braucht es eine Erweckung unseres Herzens, die wiederum eine tief gehende Erschütterung benötigt, die uns aus dem Versteck und der Verdrängung hervorholt und an unseren innersten Kern bringt. Was uns nicht durchs Herz geht, ist irrelevant, weil es nur an der Oberfläche unseres Lebens kratzt, während in der Tiefe alles beim Alten bleibt.

Um es zu wagen, wirklich wir selbst zu werden und Gott von Angesicht zu Angesicht zu begegnen, braucht es den verzweifelten Mut des Glaubens, alte Routinen und Gewohnheiten hinter uns zu lassen und vollkommen ehrlich mit uns selbst und mit Gott zu werden. Diese knochentiefe Ehrlichkeit ist auch eine Gabe des Geistes, denn er ist der Geist der Wahrheit. In dieser geistgewirkten Wahrheit geht es nicht in erster Linie um Sündenerkenntnis und Gericht, wie einige meinen, sondern schlicht darum, uns die Augen zu öffnen. Wie sollten wir Jesus folgen, wenn wir ihn nicht sehen? Wenn wir ihn aber sehen, dann erledigen sich die Sünden sowieso wie von selbst, denn – wie gesagt – der Anblick Jesu verwandelt uns in sein Bild. Nicht das Anstarren von Sünden und Fehlern verwandelt uns in sein Bild! Nur wenn wir die Herrlichkeit anschauen, lassen wir das krampfhafte Vermeiden von irgendwelchen Verkehrtheiten los und laufen in die Arme und Augen dessen hinein, mit dem wir es zu tun haben.

Der Zerbruch, der dem Aufbruch stets vorangeht, ist nicht notwendigerweise ein Zerbruch an Fehlern und moralischem Versagen. Es ist die Verzweiflung darüber, *dass wir nicht wirklich leben* und weder uns selbst, noch unseren Nächsten, noch Gott überhaupt kennen. Es ist die schmerzhafte Entdeckung, dass die gewohnte Routine uns versklavt hat, wie die Juden damals an den Pharao Ägyptens versklavt waren, oder – wie manche heute in Anlehnung an den Film *Matrix* sagen würden – wie das System Neo und die ganze Menschheit an eine rein virtuellen Welt, wo nichts das ist, was es zu sein scheint, versklavt hat.

Zerbruch ohne nachfolgende Wahrhaftigkeit und Hingabe an den Heiligen Geist verfehlt seinen Zweck und macht Männer noch unnahbarer, als sie es schon waren. Dies ist ein sensibler Punkt. Gott führt Männer an ihre Grenzen und an ihre Wahrheit. So weit, so gut, aber dann brauchen sie dringend Ermutigung, diesen Weg weder abzubrechen, noch zu vermeiden, sondern beherzt zu gehen. Der Wahrheit ins Gesicht zu schauen, ist nie einfach. Es löst zumeist Panik aus und fordert „den ganzen Mann". Da sind einige schnell dabei, dies alles als „Anfechtung vom Feind" abzutun und dagegen anzubeten. Wir sollten genau hinschauen, ob es nicht doch der Heilige Geist ist, der in den Zerbruch führt, damit wir ihm nicht etwa voreilig ins Handwerk pfuschen und am Ende noch mit dem Teufel verwechseln.

Gehen wir den Weg der Verwandlung, vollzieht sich *in uns* eine Revolution, ein Umsturz der gehabten Ordnung und Sicht der Dinge. Dies beginnt im eigenen Herzen und erfasst Stück für Stück unsere gesamten Einstellungen und Haltungen. Es durchdringt die Seele. Wir werden buchstäblich andere. Dies wird uns unsere Umgebung mit der Zeit auch bestätigen, denn unser Denken, Reden und Verhalten ändern sich schrittweise. Zumeist ist uns das allerdings gar nicht bewusst, so wie man auch einen Baum nicht wachsen sieht.

Der schwierigste Moment in der Revolution ist der Beginn, der Aufbruch. Da mobilisiert der Feind alles, um uns zurückzuhalten, so, wie der Pharao Israel nicht ziehen lassen wollte, um Gott von Angesicht zu Angesicht am Sinai zu begegnen. Wie hilfreich sind in diesem Prozess Freunde, die den gleichen Weg gehen und mit uns sind! Es gibt sie nicht immer, und viele Männer brechen alleine auf. Sie sind wahre Helden. Sie verlassen das vertraute Terrain und gehen „in die Wüste", um sich selbst und Gott zu finden. So taten es auch Mose, David, Johannes der Täufer und Jesus selbst. Wer die Wüste meidet, kann nicht neu geboren werden oder wird im Prozess der Verwandlung stecken bleiben. Das ist ein sehr trauriger Zustand. Einen Zug, der stehen geblieben ist, wieder anzuschieben, das ist ein gewaltiger Kraftakt. Wer stehen bleibt, rostet schnell ein, und dann ist es noch schwieriger, wieder in Fahrt zu kommen.

Männer, die stillstehen und ihre Dynamik verloren haben, sind immer unglücklich – ob sie es merken oder nicht. Männer, die in der Routine und Gewohnheit gefangen sind und darin wie im Hamsterrad im Kreis laufen, sind nach einiger Zeit nur noch ein Schatten ihrer Selbst, eine Karikatur, ein Gespenst, eine Hülle ohne Inhalt, ein Versprechen, das sich nie erfüllt. Der Heilige Geist wird irgendwann anfangen, sie zu provozieren und zu piesacken. Er wird eines Nachts an sie herantreten und mit ihnen ringen bis an den Morgen wie einst mit Jakob. Und wie wunderbar wäre es, wenn sie dann jemanden hätten, der ihnen sagen könnte: „Es ist der Herr!", und nicht nur „Freunde", die alles daransetzen, den falschen Frieden und Todesschlaf schnellstens wiederherzustellen, damit der Mann bloß tadellos weiter nach Schema F „funktioniert". Erweckung ist eine dramatische Angelegenheit, in der es heftig zur Sache geht! Wenn wir gemeint haben, Erweckung ohne Blut und Tränen zu bekommen, haben wir uns geirrt.

Wenn ein Mann von Gott aufgestört und gerüttelt wird, bis er schließlich anfängt aufzuwachen, befindet er sich zunächst in einem Zustand des „Dazwischenhängens". Das Alte vergeht und das Neue wird – und er steht genau dazwischen, im Niemandsland. Das ist streckenweise schwer auszuhalten und braucht ein ständiges Sich-Klammern an Jesus, der einen durch diesen Prozess der Auflösung und Neuordnung – was die genauen Wesenszüge einer Transformation ebenso wie einer Revolution sind – tragen wird.

Dabei mag es vorkommen, dass die Männer im Aufbruch eine Zeit lang wie unfähig sind, in einen Gottesdienst zu gehen oder sogar die Schrift zu lesen. In ihrem Zustand des Umbruchs können sie nicht zu viel von der alten Art von Christlichkeit vertragen, die sie gewohnt sind. Denken wir daran, dass eine Raupe sich abkapselt in einem Kokon und sich dort auflöst, um dann neu formiert zu werden. Dieser Prozess geschieht im Verborgenen, ist voller Geheimnis, aber auch Schmerz. Damit er sich vollziehen kann, braucht es einen Rückzug und einen geschützten Ort. Wie gesagt, ist die Metapher der Bibel dazu die Wüste. Männer, die keine Zeit haben, in die Wüste zu gehen und unentwegt abgelenkt werden von einem fordernden Alltag, können den Weg der Verwandlung nicht gehen. Spüren Männer den Ruf Gottes auf ihrem Leben, sollten sie die Wüste bewusst einplanen.

Ich weiß, dass die meisten Männer den Prozess der Auflösung und Neuordnung gerne überspringen würden, so wie auch Mose das wollte, der in seiner eigenen, jugendlichen Stärke den großen Befreier spielen wollte, ohne auch nur eine Ahnung davon zu haben, was das wirklich bedeutet. Er musste lernen, dass er erst dann in der Lage ist, andere zu befreien, wenn er selbst befreit ist. Mose wurde geradezu in die Wüste „verbannt" und blieb dort, bis niemand mehr um ihn wusste. Er kannte die Wüste schließlich so gut, dass er in der Lage war, ein ganzes Volk hineinzuführen. Dieses Volk fand die Sache mit Gott zunächst zwar großartig, aber als sie mit der Wüste und der schmerzhaften Herausforderung einer Verwandlung ihrer selbst von Sklaven in Freie konfrontiert wurden, wollten sie flugs wieder umkehren nach Ägypten, wo alles von vorgesetzter Stelle für sie geregelt war und sie keine Selbstverantwortung zu tragen hatten. Sklave sein, ist in vieler Hinsicht einfacher und bequemer, als frei zu sein, denn Freiheit braucht Reife und Verantwortung. Manche Männer ziehen die falschen Sicherheiten den richtigen Risiken gerne vor. Damit verraten sie sich selbst. Und diese Sünde hält sie unten und macht sie klein.

Im Folgenden werfe ich einen Blick auf drei fundamentale Bereiche des spirituellen Lebens: die Freude, das Gebet und die Jüngerschaft. Der Schreibstil im zweiten Teil dieses Buches ist etwas anders als im ersten, weil es sich um Notizen von Vorträgen handelt. Der Leser kann sich vorstellen, im Publikum zu sitzen und zuzuhören. Ich beschreibe in jedem Bereich den alten, traditionellen Weg und den neuen, revolutionären Weg. Viele werden sich mehr oder weniger in der Darstellung des Alten Weges wiederfinden. Der alte Weg ist dabei immer gekennzeichnet von Statik, Kontrolle und ritualisierter Wiederholungen des immer selben Schemas als Selbstzweck. Der neue Weg ist gekennzeichnet von Dynamik und einer lebendigen Beziehung zu Jesus, die einzigartig und unkontrollierbar ist. Der alte Weg ist voller Berechenbarkeit und Regression, der neue ist unberechenbar und progressiv. Auf dem neuen Weg wird man fraglos öfter fallen als auf dem alten, aber man steht wieder auf und bewegt sich weiter. *Weitergehen* ist ein Schlüsselwort. *Nur nicht stehen bleiben!,* heißt das Motto. Wer dazu keine Lust hat, ist noch nicht bereit für die Revolution.

KAPITEL 6

Revolution der Freude

Das Feld sieht im Lichte der Vision des Heiligen Geistes so gut aus, dass ich nicht an mich halten kann und beginne, ein Lied zu singen. Eine leichte und muntere Melodie mit Worten der Hoffnung und des Segens strömt aus meinem Herzen hervor und findet ihren Weg über meine Lippen mitten hinein in die unwirtliche Öde des Feldes der Männer. Es ist, als starrten mich alle Vögel ungläubig und verunsichert an. So etwas haben sie noch nicht gehört, und so etwas scheint auch gar nicht hierhin zu gehören. Es stört die gewohnte Tristesse! Das kleine Lied der Freude ist der Anfang der Revolution. Wie die Soldaten Israels damals die Mauern von Jericho siebenmal umzogen, so umziehe ich das Feld mit meinem Gesang. Die Vögel beobachten jeden Schritt und sind wunderbar irritiert. Ich lenke sie von dem Boden ab, den sie besetzt halten …

In der Transformation, durch die Gott uns führen möchte, spielt Freude eine zentrale Rolle. Die Loslösung von allem Schweren, Belastenden und Bedrückenden ist eine der großen Absichten der Erlösung und der Wirkungen des Heiligen Geistes. Wir werden nicht nur *von* etwas erlöst – der Sünde –, sondern auch *zu* etwas, nämlich zur Freude am Herrn, denn sie ist unsere Kraft (vgl. Nehemia 8,10). Solange wir uns nicht an Gott freuen können und die Beziehung mit ihm nicht das Element von Begeisterung, Innigkeit und Verbundenheit enthält, können wir den Weg der Verwandlung nicht weitergehen. Sind wir aufgebrochen und knochenehrlich geworden mit uns selbst und Gott, kommt als Nächstes der Prozess der Befreiung von Depression zu Freude an die

Reihe. Wenn uns die Freude wiederkehrt, ist das Joch der Schwermut zerbrochen und ein wirklich neuer Tag bricht für uns an.

Und siehe, da war eine Frau, die achtzehn Jahre einen Geist der Schwäche hatte; und sie war zusammengekrümmt und gänzlich unfähig, sich aufzurichten. Als aber Jesus sie sah, rief er ihr zu und sprach zu ihr: Frau, du bist gelöst von deiner Schwäche! Und er legte ihr die Hände auf, und sofort wurde sie gerade und verherrlichte Gott (Lk 13,11-13).

In diesen wenigen Versen steckt eine große Transformation und – dadurch ausgelöst – eine ebenso große Revolution. Auch heute gibt es zahllose Männer und Frauen, die eine solche Berührung von Jesus ebenso nötig brauchen wie jene zusammengekrümmte Frau damals. Denn sie sind ebenso gebeugt und unfähig, sich aufzurichten. Und viele leben entsprechend auch in Beziehungen, in Ehen und Familien, die an diesen Symptomen leiden und die schon jahrelang festgefahren und gelähmt sind und aus eigener Kraft nicht wieder hoch kommen. Manche sicher auch schon achtzehn Jahre lang. Aber es gibt auch ganze Gemeinden, die bedrückt und gebeugt sind und sich daran als ganz normalen Zustand gewöhnt haben. Da gibt es keinen Jubel mehr, keine Verherrlichung Gottes, sondern „heilige Gebeugtheit".

Auch wir modernen Menschen brauchen es, dass die Hände Jesu auf uns kommen und uns seine Kraft durchdringt, die unsere Gebeugtheit beendet, uns aufrichtet und jubeln lässt. Eine Kraft, die fähig ist, achtzehn Jahre Unfähigkeit und Leiden *in einem Moment* zu beenden! Ich weiß nicht, wofür wir in die Kirche gehen sollten, wenn nicht dafür, *diesen* Jesus zu erleben und zu erheben mit dieser Frau, die „gerade wurde und Gott verherrlichte". Was geschah, das muss wieder geschehen, denn nichts hat sich geändert. Gebeugte Menschen sind überall, und niemand hat die Kraft, sie aufzurichten. Aber Jesus ist derselbe gestern, heute und in Ewigkeit! Zu Recht erwarten wir also, dass seine Gegenwart unsere Lähmungen aufhebt und uns wieder „in die Gänge" bringt, wie jene gebeugte Frau damals in der Synagoge.

Wir wollen uns nicht länger mit einem kraftlosen Jesus zufriedengeben, der nichts weiter kann, als uns auf das Jenseits und auf den Himmel zu vertrösten! Der Anfang der Revolution ist eine Unzufriedenheit und Empörung mit einer Form von Geistlichkeit, die gut damit leben kann, dass Leute eben achtzehn Jahre lang in der Gemeinde sitzen und *nicht* aufgerichtet werden.

Es gibt einen weiteren wunderbaren Text, der zeigt, wie auch nach Jesu Himmelfahrt die Kraft des Evangeliums immer noch dieselbe Wirkung entfaltete wie bei der gebeugten Frau in Lukas 13 und die Lähmung vieler aufhob.

Philippus aber ging hinab in eine Stadt Samarias und predigte ihnen den Christus. Die Volksmengen achteten einmütig auf das, was von Philippus geredet wurde, indem sie zuhörten und die Zeichen sahen, die er tat. Denn von vielen, die unreine Geister hatten, fuhren sie aus, mit lauter Stimme schreiend; **und viele Gelähmte und Lahme wurden geheilt. Und es war große Freude in jener Stadt** (Apg 8,5-8).

In diesen Versen ist der Zusammenhang zwischen der Heilung von vielen Gelähmten und der *großen Freude* in jener Stadt sehr deutlich zu sehen.

Worum es in diesen Versen geht, betrifft natürlich nicht nur Männer, sondern *Männer und Frauen* gleicherweise. Denn nicht nur Männer sind gelähmt, sondern Männer und Frauen und auch die Beziehung von Männern und Frauen. Es gibt etwas, was sowohl Männer wie Frauen als auch ihre Ehen und Familien von der Lähmung befreien und sie wieder auf die Beine bringen und in neue Bewegung und Begeisterung versetzen kann. Was das ist und wie wir da drankommen, das müssen wir unbedingt herausfinden!

Wenn es etwas gibt, was unser Leben – und in der Folge eben auch das unserer Ehen und Familien, ja, das unsere ganze „Stadt" – lähmt, dann ist es diese Decke der Schwere und der Bedrückung, die sich in der Abwesenheit der „großen Freude" einstellt. Mit der Freude verschwindet auch die Bewegung. Alles scheint einzufrieren, jede Dynamik zu verlieren und nur noch anstrengend zu sein. Und dann kommt das schlechte Gewissen hinzu, welches uns sagt, dass wir uns als Christen doch allezeit freuen sollten (vgl. Phil 4,4) und die Freude am Herrn doch unsere Stärke ist (vgl. Neh 8,10) usw. Dann verbergen wir unseren Schmerz und unsere Frustration. Die Decke der Beschämung und Verdammnis legt sich auf uns und das Leben scheint an Farbe zu verlieren. Statt dass die Dämonen mit lautem Schreien fliehen, wie in jener Stadt Samarias, fühlen sie sich ausgesprochen wohl unter unserer Decke ...

Die Bibel hat einiges über diese Decke und über den Geist der Schwere zu sagen. In Jesaja 61,3 ist die Rede von „Asche", „Trauer" und von einem „verzagten" oder „schweren" Geist, von dem wir erlöst werden müssen zu Schönheit, Freude und Anbetung. Das ist eine Umkehrung der Verhältnisse, eine göttliche Revolution. Den Weg von dem einen in den anderen Zustand zu gehen, ist der Weg der Erlösung, den der Heilige Geist mit jedem von uns gehen will. Dies zu verstehen, ist der Anfang der Befreiung von Depression zu Freude.

In 2. Korinther 3,17-18 ist die Rede von einer Decke, die durch den Heiligen Geist von uns genommen werden muss, damit wir den Herrn *wirklich* anschauen und in *sein* Bild verwandelt werden können. Dort wird beschrieben, wie diese Decke dafür sorgt, dass Leute zwar die Schrift lesen und die Predigt hören, aber *dennoch* den Herrn nicht erkennen. Denn dieser wird nur durch die Offenbarung des Heiligen Geistes erkannt. Auch heute gibt es viele Christen, die den Herrn ausschließlich in der Schrift suchen, ihn aber doch nicht erkennen bzw. erleben.

In Lukas 13 bei der achtzehn Jahre lang gelähmten Frau war die Rede von einem „Geist der Schwäche", der sie gebunden hielt. Hier, in Apostelgeschichte 8, lesen wir von den „unreinen Geistern", die schreiend ausfuhren, und den Gelähmten, die sich in der Folge in großer Freude erhoben. Daraus können wir schließen: Der Heilige Geist bringt Freude, die unheiligen Geister bringen Schwere und Bedrückung. Sie schwächen uns. Die unreinen Geister bringen eine Decke der Verdunkelung und Verwirrung über uns, der Heilige Geist aber nimmt die Decke weg und lässt uns klar sehen. Er stärkt uns.

In der bekannten Geschichte der vier Freunde, die den Gelähmten durch die Decke vor die Füße Jesu herabließen, heißt es, dass „da die Kraft war zu heilen ... und Jesus sagte zu dem Gelähmten: ‚Steh auf! Nimm dein Bett und geh!'" (vgl. Lk 5,17.24). Und dann lesen wir dort, dass sich als Reaktion darauf alle riesig freuten und Gott verherrlichten. (Nur wie immer die Pharisäer nicht.) Da kam Bewegung in den Laden! Das war „heiliger Aufstand". Genau wie in der Versammlung mit der gebeugten Witwe und wie bei Philippus in Samarien. Da kam Freude auf, *mächtige Freude.* Und mächtige Freude braucht es, um die routinemäßige Depression zu durchbrechen und die Geister der Schwere und Lähmung auszutreiben.

Es gibt sie nach wie vor, die „unreinen Geister", die das Leben schwer machen und die Freude verhindern. Daran hat sich nichts geändert. Sie wollen die Decke der Schwere und Verdunkelung über Menschen bringen – auch in unseren Beziehungen, Familien und Gemeinden. Ohne Freude und Trost gibt es keinen Aufstand aus der Lähmung. Für diesen Aufstand aber ist Jesus gekommen. Die Decke der Schwere muss zerrissen werden! Die mächtige Freude muss uns wiederkehren und die Dämonen beschämt abziehen lassen!

Philippus hat den Samaritern drei Dinge gepredigt. Er sprach über „den Christus", das „Reich Gottes" und den „Namen Jesu". Das Ergebnis war aufsehenerregend. Diese Predigt drückte die Leute nicht runter oder machte sie still, sondern hob sie hoch aus dem Staub und der Lähmung. Die Freude, die dadurch ausgelöst wurde, reichte nicht nur für die Versammlung aus, sondern erfasste die *gesamte Stadt.* Was also hat Philippus den Samaritern nur gepredigt?!

Philippus predigte ihnen „den Christus" ...

Ich musste mir in meiner Vorbereitung auf dieses Kapitel die sehr ernste Frage stellen, ob ich vielleicht einen *anderen Christus* gepredigt bekommen habe als diese Samariter. Denn bei mir sind die längste Zeit meines Christseins die Zeichen und Wunder und die große Freude ausgeblieben. Ich will einmal ganz ehrlich ein paar Dinge erzählen über den Christus, der *mir* gepredigt worden ist:

- Ein passiver Christus, der im Himmel sitzt und schlichtweg nichts mehr tut, außer abzuwarten, bis die Welt zu Ende ist. Das Nächste, was dann kommt, ist das Gericht.

- Ein Christus, der früher große Dinge getan hat und in der Zukunft große Dinge tun wird – aber nicht heute.

- Ein Christus, der so heilig ist, dass er mit Freude unvereinbar ist, und der von mir ein Maß an Heiligkeit im Sinne moralischer Vollkommenheit verlangt, dass ich nie wieder einen Grund zur Freude haben werde, weil ich immer zu kurz trete, immer zu wenig bete, zu wenig diene, zu unvollkommen bin, zu wenig Zeugnis gebe usw.

Meine Vorstellung vom Himmel war die einer gigantischen Besserungsanstalt, mit Gott als Zuchtmeister, der mich immer beobachtet und zu noch mehr frommer Leistung antreibt. Da gab es so gar keinen Anlass zur Freude und auch gar keine reelle Hoffnung auf Freude. Jedenfalls nicht im Diesseits. Ja, nur jemand, der nicht begriffen hatte, wie ernst es mit der Heiligkeit ist, konnte sich überhaupt dazu versteigen, sich zu freuen oder gar zu lachen! Gesegnet die Dummen ...

Die Predigt von diesem „schrecklichen Christus" war überaus bedrückend. Ich kann gar nicht sagen, wie viele Versammlungen und Gottesdienste ich als junger Christ „erlitten" habe, die wirklich sehr bedrückend waren. Die Decke dämonischer Schwere lag darauf. Das war nicht die Schwere der Überführung des Heiligen Geistes zur Buße oder so etwas. Nein. Das Gebet war gebeugt, die Bibelauslegung monoton und todernst, das Abendmahl in eisiger Friedhofsstimmung. Mir wurden in diesen Versammlungen nicht die Dämonen ausgetrieben, sondern die Freude! Diese Gottesdienste waren nicht heilsam für mich, sondern machten mich krank. Meine Dämonen jedenfalls brauchten sich keine Sorgen zu machen. Für sie stellten diese Art von Gebeten, Predigten und Abendmahle keinerlei Gefahr dar ...

Jesus hat gesagt, wir müssten wie die Kinder werden, sonst würden wir das Reich Gottes nicht sehen. Ich habe trotz echter Bekehrung und Wiedergeburt von dem Reich Gottes viele Jahre lang nur sehr wenig gesehen, denn nicht die Dämonen wurden mir ausgetrieben, sondern die Kindschaft mit ihrer Einfachheit und Freude.

Nun klage ich niemanden persönlich über diese Zustände an, auch keine Gemeinde. Ich denke nicht, dass jemand *bewusst* gegen die Freude gehandelt hat und Menschen Beschwernisse auferlegen wollte. Aber doch geschah es so und wurde hingenommen. Freudlosigkeit oder aber gespielte Freude sind sehr unattraktiv. Für viele Männer ist dies ein Grund, die Kirche zu meiden wie die Pest. Sie haben in ihrem Alltag schon genug Negatives zu bewältigen, warum sich noch mit einer schweren Religiosität belasten, in der es unentwegt um Sünde, Moral und Gesetze geht?

Philippus predigte ihnen *den Christus*, heißt es. Aber anscheinend predigte er ihn als einen ganz anderen oder zumindest in einer deutlich anderen Art und Weise, als ich das kennengelernt hatte.

Was heißt „*Christus*" übersetzt auf Deutsch eigentlich? Es heißt der „*Gesalbte*". Jesus ist der Christus = der Gesalbte, auf Hebräisch = der Messias. Christus ist *nicht* der Familienname von Jesus, wie einige meinen! An der Haustür von Maria und Joseph stand also nicht „Familie Christus" ...

Philippus predigte der Stadt in Samarien also „den Gesalbten". Was aber hat das denn zu bedeuten? Jesus selbst spricht darüber bei seinem Dienstantritt in seiner Heimatgemeinde in Nazareth. Das steht in Lukas 4,14-15. Er zitiert dort den Propheten Jesaja, der im 61. Kapitel über den „Messias" weissagt:

*Der Geist des Herrn ist auf mir, weil er mich **gesalbt** hat, Armen gute Botschaft zu verkündigen; er hat mich gesandt, Gefangenen Befreiung auszurufen und Blinden, dass sie wieder sehen, und Zerschlagene in Freiheit hinzusenden ...*

Die „Salbung", die Jesus zu dem „Christus Gottes" macht, ist die Ermächtigung und Kraft, *diese* Aufgaben bzw. diese Sendung zu erfüllen – in der Tat. Dafür ist der Geist des Herrn auf ihm. Diese Salbung und Sendung Jesu wird in Apostelgeschichte 10,38 sehr schön und prägnant zusammengefasst:

*Jesus von Nazareth, wie Gott ihn **mit Heiligem Geist und Kraft gesalbt hat**, der umherging und wohltat und alle heilte, die vom Teufel überwältigt waren; denn Gott war mit ihm.*

Auch heute sollen alle christlichen Werke in der Kraft der Salbung getan werden und nicht in der eigenen Kraft. Das macht uns zu „Christen" = Gesalbten. Jesus sagte, er würde nach seiner Auferstehung und Himmelfahrt den Heiligen Geist auf seine Jünger senden, und dann würden sie die gleichen Taten tun wie er – und größere. In der gleichen Salbung würden sie die gleichen Werke tun. Anders kann das ja auch nicht funktionieren.

Aber ihr werdet Kraft empfangen, wenn der Heilige Geist auf euch gekommen ist; und ihr werdet meine Zeugen sein ... (Apg 1,8).

Hier haben wir wieder den Zusammenhang mit einer Sendung bzw. Beauftragung und der Ausrüstung mit der dazu notwendigen Kraft. Aber jetzt handelt es sich nicht um Jesus, sondern um uns. Wir werden zu Teilhabern an der Salbung des Gesalbten, um mit ihm zusammen die Werke Gottes zu tun. So wie Philippus in Samarien.

Das Ergebnis der Schriftbetrachtung Jesu in seiner Heimatgemeinde war leider nicht, dass die Hörer „Hurra!" schrien, sondern: „Sie standen auf und stießen ihn zur Stadt hinaus ..." Wie sehr unterschied sich doch die Reaktion in dieser frommen, jüdischen Synagoge von der in jener Stadt der „ungläubigen" Samariter! Die Gemeinde in Nazareth hatte ein so religiös verdrehtes Bild vom Messias, dass sie mit dem *wirklichen* Messias, als er in Fleisch und Blut mitten unter ihnen stand, nichts anzufangen wusste! Möge es uns nicht genauso ergehen.

Die „Salbung" ist die Kraft Gottes, die der Vater auf Jesus gelegt hat, um das Wort zu erfüllen. Jesus predigte wie auch Philippus: „Das Reich Gottes ist nahe herbeigekommen! Es ist jetzt hier – mitten unter euch!" Und von diesem Reich heißt es, dass es nicht in Worten besteht, sondern *in Kraft* (vgl. 1 Kor 4,20).

Das Evangelium ist die Kraft Gottes jedem Glaubenden zum Heil (Röm 1,16).

Die Salbung Gottes ist also die Kraft des Heiligen Geistes, alles zu erfüllen, was geschrieben ist. Die Synagoge von Nazareth war völlig verblüfft, als Jesus ihnen, nachdem er aus Jesaja 61 vorgelesen hatte, verkündigte, dass dieses Wort jetzt „erfüllt" würde. Er deutete das Ungeheuerliche an, dass er dieses Wort **nicht auslegen, sondern** *erfüllen* wollte! Was dort geschrieben stand, würde er jetzt und hier in der „Salbung" des Heiligen Geistes in der Tat ausführen. Können wir uns die Verwirrung der Synagoge vorstellen? Jesus initiierte nicht weniger als eine Revolution. Sie hatten die Worte aus Jesaja 61 sicher Hunderte Male ausgelegt, aber noch nie erfüllt bekommen. Denn die Erfüllung brauchte eben eine Kraft, die sie nicht hatten, die sie auch noch nie zuvor erfahren hatten und mit der sie *zu null Prozent* rechneten. Auch wir „Modernen" werden das, womit wir zu null Prozent rechnen, nicht erleben. Dies ist ein universelles Prinzip.

Alle Augen der Synagoge waren damals in gespannter Erwartung auf Jesus gerichtet, wie er wohl dieses Wort Jesajas erklären und darüber predigen würde. Aber er legte es einfach gar nicht aus, sondern klappte das heilige Buch zu und sagte in etwa: „Jetzt geht es los! Jetzt wird ganz real und praktisch geschehen, was hier steht. Dafür bin ich gekommen." Sie starrten ihn wahrscheinlich für einen Moment lang sprachlos an. Was meinte er nur? Sie konnten mit seiner Ankündigung *nichts* anfangen und wussten *nicht*, darauf zu reagieren. Dann stießen sie Jesus als Verrückten und Störenfried aus ihrer Gemeinde hinaus und wollten ihn schnellstens loswerden, um ihr gewohntes Programm fortsetzen zu können.

Auch heute gibt es dieses schreckliche Phänomen, dass Gemeinden mit dem Gesalbten nichts anfangen können. Sie haben sich doch wieder an ein Evangelium der Worte und nicht der Kraft gewöhnt. Sehr wortgläubig, aber sehr kraftlos geht es in den Versammlungen zu. Paulus warnt Timotheus ausdrücklich vor Leuten, die wohl sehr fromm aussehen, aber die Kraft des Evangeliums, die Kraft der Salbung, verleugnen (vgl. 2 Tim 3,5). Er legt Timotheus sogar nahe, sich von solchen Menschen „abzuwenden".

Da es die Salbung ist, die das Wort erfüllt, leben solche Gemeinden ein Christsein ohne Erfüllung und eine Geistlichkeit ohne das Ereignis des Reiches Gottes in Erweisung des Geistes und der Kraft. Das klingt paradox und steht im Widerspruch zur Schrift, aber sie sind so daran gewöhnt, dass sie diesen gelähmten und unerfüllten Zustand für völlig normal halten. Und die Dämonen sind begeistert! Mit Garantie werden die *nicht* ausgetrieben ...

Als ich ein junger Christ war, las ich einmal den Bericht über die Evangelisation des Philippus in Apostelgeschichte 8 und dachte so bei mir: „Komisch, jetzt bin ich schon ein paar Jahre lang gläubig, hab treu die Gemeinde besucht und wer weiß wie viele Predigten gehört, aber wenn mich einer fragen würde, was ich über das ‚Evangelium vom Reich Gottes und dem Namen Jesu Christi' (Jesus – dem Gesalbten), das Philippus den Samaritern predigte, weiß, dem könnte ich darüber nicht viel sagen." Das „Reich Gottes" und „der Name Jesu Christi" waren *das Erste*, was diese Samariter über Jesus und das Christsein zu hören bekamen. Und das führte zu den dramatisch positiven Ereignissen, von denen wir gelesen haben. Bei mir aber waren diese *ersten Dinge* auch Jahre nach meiner Bekehrung noch gar nicht vorgekommen. Mein Christsein stand auf *ganz anderen* Fundamenten als dem ihren.

Das Evangelium, das ich gehört hatte, und den Christus, den ich gepredigt bekommen hatte, waren in gewissem Sinne nicht verkehrt oder unbiblisch. Aber die *Gewichtungen und Betonungen* waren komplett anders als im Neuen Testament. Es wurde sehr viel über christliches Benehmen geredet, aber sehr wenig über das Reich Gottes und den Namen Jesu, geschweige denn über die Salbung des Heiligen Geistes. Wenn wir nun alles zusammennehmen, was die Evangelien über Benehmen sagen, und danebenstellen, was sie über das Reich Gottes, den Namen Jesus und die Salbung des Heiligen Geistes sagen, dann ergibt das ein bestimmtes Verhältnis. Die Schrift gibt dem einen Thema das eine Gewicht, und dem anderen Thema jenes andere Gewicht. Das Thema Salbung, ihre Wirkung und ihr Dienst haben vielleicht einen Umfang von 40 %. Das Thema christliche Moral 20 %. Wir predigen kein falsches Evangelium, wenn wir über christliche Moral sprechen, haben aber die Gewichtung verdreht. Zu 80 % geht es bei uns um Benimm und nur zu 5 % um die Kraft, die wir aber brauchen, um uns zu benehmen! Denn Disziplin braucht doch Kraft. (Diese Zahlen sind rein hypothetisch und dienen nur dazu, den Punkt zu erläutern.)

In Hebräer 4,16 werden wir aufgefordert, kühn zum Thron der Gnade zu kommen, aber warum kommen so wenige Christen „freimütig" zu diesem Thron und mobilisieren so wenig Gnade? Weil sie damit rechnen, dass es vor dem Thron erst mal eine Moralpredigt gibt und nicht Ermächtigung und Freude, also Salbung. Dementsprechend kommen sie nicht kühn, sondern voller Scham oder sicherheitshalber gar nicht. Gerade Männer, die ohnehin mit einer überzogenen Leistungsorientierung zu kämpfen haben, erwarten ausschließlich die Frage, was und wie viel sie getan haben. Sie rechnen nicht damit, mit Kraft und Zuwendung überschüttet zu werden. Genau das ist aber der Fall. Gott „salbt" uns mit demselben Geist, mit dem er Jesus salbte, um sein Wort zu erfüllen. Haben wir schon einmal die folgenden Verse aus den Psalmen gelesen?

Fülle von Freude ist vor deinem Angesicht und Wonne zu deiner Rechten ewiglich (Ps 16,11).

Die auf ihn schauen, strahlen, und ihr Angesicht wird **nicht** *beschämt* (Ps 34,6).

Wenn wir die Gewichtungen verdrehen, kommt dabei auch ein verdrehtes Christsein heraus. Weil sie so viel Benehmen und so wenig Kraft gepredigt bekommen haben, glauben viele Christen jetzt, sie würden den Willen Gottes und den Auftrag der Mission durch immer besseres Benehmen und mehr Leistung erfüllen. „Wenn ich mir nur mehr Mühe gebe, dann kommt auch mehr Erfüllung und Frucht dabei heraus." Aber es ist die Salbung, die es vollbringt, nicht die Bemühung und Moral.

Jesus wurde schockierenderweise – gerade *wegen seines Benehmens (!)* – überall von den Versammlungen und Schriftgelehrten abgelehnt Er, der Christus, benahm sich nämlich häufig so „unchristlich" ... moralisch gesehen! Würde er heute in einen unserer Gottesdienste kommen und sich so benehmen, wie wir ihn sich in den Evangelien benehmen sehen – ich glaube, er würde aus vielen unserer Gottesdienste genauso schnell hinausgeworfen werden wie aus seiner Heimatsynagoge in Nazareth. Denn er legt eine komplett andere Gewichtung an den Tag, als es die religiöse Tradition tut – damals wie heute. Vieles, was wir dulden, duldet er nicht, und vieles, was wir nicht dulden, duldet er.

Auch in unseren Bibelschulen, Seminaren und theologischen Ausbildungsstätten wird ein überwältigendes Gewicht auf Wissen, Rhetorik und Verhalten gelegt, und fast keines auf Kraft. Dabei kommen dann Pastoren heraus, die eine Menge im Kopf haben und sich „fromm" zu benehmen wissen, aber wenig Kraft haben. Diese „Geistlichen" formen dann entsprechende Gemeinden, die auch wieder viel christliches Wissen anhäufen, aber wenig Kraft haben. Und Freude ist schon gar kein Thema. Obwohl die Evangelien genau damit beginnen: Die Engel verkündeten den Hirten auf dem Felde *große Freude*.

Das ist, wo wir vielerorts stehen und was uns immer wieder lähmt. Wir müssen umkehren, zurück zum Evangelium des Reiches Gottes, zum Namen Jesu und zur Salbung des Heiligen Geistes. Dann werden wir wie die Stadt in Samarien eine wahre Revolution der Freude erleben. Freude ist kein Luxus oder „weltlich". Freude ist eine Frucht des Geistes, wie uns in Galater 5,22 mitgeteilt wird.

Wie ist diese Lehre auf die Familie anzuwenden?

Fangen wir mit den Männern an. Männer, die das Evangelium nicht als Kraftquelle erleben, werden nicht kraftvoll handeln können. Ein Mann aber fühlt sich nur als Mann, wenn er kraftvoll handeln kann. Die Salbung des Heiligen Geistes ermächtigt und lehrt einen Mann, sich selbst und alle seine lähmenden Umstände zu überwinden. Sie macht einen Mann zu einem *Überwinder*. Das ist zwar nicht einfach und bequem, macht Männern aber Freude! Ein Christsein ohne Kraft macht ihnen jedoch keine Freude. Das ist eine Mogelpackung. Viele Männer sind tief enttäuscht vom Christentum und überlassen die „christlichen Pflichten" gerne ihren Frauen.

> *Gott hat uns gegeben ... einen Geist der Kraft, der Liebe, der Besonnenheit!* (2 Tim 1,7; LU84).

110

In diesem Geist und der Kombination von Kraft, Liebe und Be-
sonnenheit ist ein Mann unschlagbar. Von größtem Wert für eine
Firma, begehrenswert für eine Frau und ein nacheifernswertes
Vorbild für Kinder. Wenn ein Mann aber aus Mangel an Kraft
schon auf seiner Arbeit ausgelaugt ist und gestresst und müde
nach Hause kommt, wo eine Frau auf ihn wartet, die Kraft von
ihm haben will, und wo sich die Kinder auf ihn werfen, um auch
noch Kraft von ihm zu holen, dann gehen viele, viele Männer den
Weg in den Rückzug und wollen nur noch „ihre Ruhe" haben. Und
wenn Männer lang genug ohnmächtig gewesen sind, dann werden sie wütend. Und ohnmächtige Wut ist ein gefährliches Ding!
Auf einmal schlägt ein Mann zu *oder* versinkt in Depression. Die
Dämonen lieben das! Und sie verstärken das. Sie schüren die
Aggression und die Depression, die beide Kinder der Ohnmacht
sind.

Männer, es steht geschrieben: *„Die Freude am Herrn ist unsere
Stärke!"* (vgl. Neh 8,10).

Diese Freude kann uns weder unsere Frau noch unsere Kinder
geben. Wenn wir das von ihnen erwarten und fordern, werden wir
aufs Bitterste enttäuscht werden! Und Bitterkeit und Enttäuschung sind absolut lähmend. Diese Freude muss „von oben"
kommen und uns erfüllen, bis wir überfließen. Haben wir diese
Freude, werden wir unsere Frauen und Kinder damit anstecken,
bis auch sie fröhlich werden. Und dann werden sie stolz auf uns
sein! So ist es richtig, und so funktioniert es auch. Für uns gilt
Epheser 6,10: *„Werdet stark im Herrn und in der Macht seine
Stärke!"*

Viele Männer werden jetzt sagen, dass sie dafür aber keine Zeit
haben. Dass sie einfach keine Zeit haben, sich so intensiv auf den
Herrn und den Geist einzulassen und den Weg zum Thron der
Gnade besser kennenzulernen. Aber, Männer, entweder wir tun es
freiwillig oder wir werden nachher von den Krisen dazu gezwun-
gen werden – oder aufgeben. Denkt immer daran: Am Thron erwartet uns keine Moralpredigt, sondern *große Freude* und Salbung.

Und wie ist es mit den Frauen?

Wenn Frauen die Freude und Kraft von oben verlieren, dann
werden sie nörgelig. In ihrer Verzweiflung reden sie auf ihren

Mann ein wie auf einen kranken Gaul, und der zieht sich immer weiter zurück. Und die Frau zieht ihm hinterher ... Sprüche 21,9.19; 19,13; 25,24 und 27,15 sind sehr amüsante Bibelstellen dazu!

Frauen müssen aufpassen, nicht die Rolle des Heiligen Geistes zu übernehmen. Es ist *seine* Aufgabe, ihre Männer von Sünde zu überführen, nicht die Aufgabe der Frau! (vgl. Joh 16,8).

In ihrer Verzweiflung und Ohnmacht werden sich Mütter an ihren Kindern vergreifen (vgl. 5 Mo 28, 57), um sich an ihnen zu trösten, anstatt sich den Trost bei Gott zu holen. Die Kinder werden davon überfordert sein und alle möglichen Verhaltensstörungen entwickeln. Das ist eine Tragödie.

Was ist die Lösung?

Wir *müssen* uns die Kraft, Liebe und Weisheit von Gott holen, also hinlaufen zum Thron der Gnade und erwarten, dass wir keine Standpauke erhalten, sondern Freude und Wonne vor seinem Angesicht finden, die nicht nur für unsere eigene Seele ausreichen, sondern auch noch mit für die Seelen der Kinder. Dies ist eine tägliche Angelegenheit! Wir können nicht lange aus der Reserve leben. Wir brauchen das „Manna" jeden Tag neu. Wir müssen den Weg zum Gnadenthron gehen, den Jesus uns ja um den Preis seines Blutes freigemacht hat. Soll er ihn denn umsonst erkauft haben? Unser „Christendienst" besteht darin, so viel Gnade wie nur möglich vom Himmel auf die Erde zu holen!

Und noch ein Wort für die unverheirateten Frauen und Männer.

Wenn ihr heiraten wollt, dann bitte nicht aus Mangel, sondern aus Fülle! Wenn ihr meint, ein Ehepartner müsste euer Defizit an Kraft, Liebe und Freude füllen, dann werdet ihr ihn missbrauchen. Ihr werdet wie ein Parasit sein, der den anderen anzapft und aussaugt. Aber wenn ihr stark seid im Herrn und Freude habt, dann werdet ihr für euren Partner eine Bereicherung sein und keine „Zecke".

Dies ist der Unterschied zwischen Himmel und Hölle in einer Ehe! Wenn wir keine Kraft haben, können wir niemanden stärken. Wenn wir keine Freude haben, können wir niemanden erfreuen. Dies aber steht ganz ausdrücklich am Anfang einer Ehe:

Wenn ein Mann erst kurz verheiratet ist, soll er nicht mit dem Heer ausziehen, und es soll ihm keinerlei Verpflichtung auferlegt werden. Er soll ein Jahr lang frei haben für sein Haus **und seine Frau, die er genommen hat, erfreuen** (5 Mo 24,5).

Wir können nur geben, was wir haben. Darum werdet ab jetzt reich im Herrn, füllt euer Leben mit Gutem, treibt den Mangel raus und dann könnt ihr himmlisch heiraten. Vorher rate ich euch dringend davon ab. Eure wichtigste Ehevorbereitung ist die, dass ihr lernt, Gnade um Gnade zu nehmen, bis ihr mit der Güte des Herrn satt und voll seid. Bevor man geben kann, muss man nehmen. Im Christsein geht es ums Geben. Aber vor dem Geben kommt das Nehmen, sonst hat man nichts zum Geben. Jesus hat es ganz klar gesagt:

Bittet, und ihr werdet empfangen, damit eure Freude völlig sei (Joh 16,24).

Wer heiraten möchte, der nehme vom Herrn so viel Segen und Frieden und Freude wie nur möglich! Werdet stark im Herrn und in der Macht seiner Stärke. Seid reich und voll und überfließend. Das macht euch attraktiv. Dann werden auch eure Ehen reich, voll und überfließend sein. Und eure Kinder werden's euch danken.

Unser Retter Jesus ist der „Christus" Gottes. Seine Salbung möchte die unreinen Geister der Bedrückung und Schwermut aus uns heraustreiben und uns anstelle dessen mit jubelnder Freude erfüllen.

Und die Befreiten des HERRN werden zurückkehren und nach Zion kommen mit Jubel, und ewige Freude wird über ihrem Haupt sein. Sie werden Wonne und Freude erlangen, Kummer und Seufzen werden entfliehen (Jes 51,11).

Wenn wir behaupten, die „Erlösten des Herrn" zu sein, aber nicht in die Erfahrung von Jubel, Freude und Wonne eingetreten sind, dann ist das nicht schriftgemäß. Wenn unser Christsein gar eher aus Kummer und Seufzen besteht, dann sind wir einem wirklich verdrehten Zerrbild von Erlösung aufgesessen. Wir sind betrogen worden.

Auch mir ist klar, dass Nachfolge nicht immer Zuckerschlecken ist und wir *„durch viele Bedrängnisse in das Reich Gottes eingehen"* (vgl. Apg 14,22). Aber um diese Bedrängnisse zu verkraften und den Weg der Erlösten nach Zion zu gehen, brauchen wir desto größere Freude. Also: Je größer die Bedrängnis, Verfolgung, Anfechtung usw., desto *mehr* Gnade und Freude brauchen wir, um zu erdulden und zu überwinden, und nicht desto weniger. Nichts ist missionarisch wirkungsvoller als Freude.

Und es war große Freude in jener Stadt ... (Apg 8,8).

Nachgefragt

- Kannst du dich an Gott freuen und enthält deine Beziehung zu ihm die Elemente Begeisterung, Innigkeit und Verbundenheit? Wenn nein, woran liegt es, bzw. wann hat das aufgehört?

- Enthält deine Vorstellung des Willens Gottes für dich Freude?

- Wer oder was hat dir die Freude geraubt oder ausgetrieben?

- Was hast du dir bisher unter dem Begriff „Salbung" vorgestellt? Wie wurde dir Jesus als „der Gesalbte" vermittelt? Wie geht deine Gemeinde damit um?

- Erlebst du Jesus – den Gesalbten – und das Evangelium als Kraftquelle oder genau umgekehrt als kraftraubend? Warum?

- Musst du Menschen „anzapfen", um dir Freude und Kraft zu „verschaffen", oder kannst du das von Gott empfangen, um etwas zu geben zu haben?

KAPITEL 7

Revolution des Gebets

Da, auf einmal sehe ich Hilfe nahen. Ich weiß nicht, woher die anderen auf einmal kommen, ich muss davon ausgehen, dass Gott sie in der gleichen Weise hergeschickt hat wie mich. Gott hat immer noch andere berufen und gesandt, das sollten wir nicht vergessen. Wir sind nie allein. Wir müssen uns nur finden. Wir treffen uns im Geist und gehen miteinander um das Feld. Der gemeinsame Gesang und die gemeinsame Bewegung verändern Runde für Runde die gesamte Atmosphäre. Wir sind lebendig und singen das Leben hinaus über das Feld. Ich muss an Hesekiel 37 denken, wo der Prophet im Namen des Herrn den Geist bzw. den Odem in das Tal voller Knochen ruft, „damit sie wieder lebendig werden". Sie brauchen in ihrem Zustand weder Theologie noch Appelle, sich christlich zu benehmen, sondern den Hauch Gottes. So wurde der Mensch auch ganz zu Anfang der Schöpfung durch den Atem Gottes von Erde zu einer lebendigen Seele. Es gibt ein Singen, welches den Geist ruft und ihm Raum schafft. So gehen wir und singen inspiriert vom Geist ein Lied des Lebens über das öde Feld der Männer ...

Auch dieses Kapitel ist aus einer Predigt entstanden, darum kann man es am besten verstehen, wenn man sich vorstellt, im Publikum zu sitzen, die Bibelstellen mit aufzuschlagen und zuzuhören. Der Ausgangspunkt dazu ist ein Text im Hebräerbrief:

Nachdem Gott vielfältig und auf vielerlei Weise ehemals zu den Vätern geredet hat in den Propheten, hat er am Ende dieser Tage zu uns geredet im Sohn, den er zum Erben aller Dinge ein-

gesetzt hat, durch den er auch die Welten gemacht hat; er, der Ausstrahlung seiner Herrlichkeit und Abdruck seines Wesens ist und alle Dinge durch das Wort seiner Macht trägt, hat sich zur Rechten der Majestät in der Höhe gesetzt, nachdem er die Reinigung von den Sünden bewirkt hat ... (Hebr 1,1-3).

Verstehen wir diesen Text so, dass Gott ganz früher – im Alten Testament – durch die Propheten gesprochen hat? Durch solche wie Jesaja, Jeremia und Hesekiel, deren Aufzeichnungen uns im Alten Testamentes vorliegen? Und dann – das Alte beschließend und das Neue etablierend – durch Jesus Christus, den Sohn, wie es uns in den vier Evangelien überliefert ist? Aber dann – nach Jesu Himmelfahrt – hat Gott nichts Weiteres geredet und wird nichts Weiteres reden, weil es nichts Weiteres zu sagen gibt, weil alles gesagt ist und uns allen in schriftlicher Form vorliegt? Haben wir das so verstanden?

Lange Zeit dachte *ich* so. Es gab in meinem Gebetsleben keine wirkliche Erwartung, dass Gott *redet* – zu mir, dem Normal-Sterblichen schon gleich gar nicht. Ich lebte vom „Manna von gestern"! Wie sieht das Manna von gestern aus? Brrr! Einfach ekelhaft. Dieselben Worte mussten in der Andacht bzw. der „Stillen Zeit" sozusagen immer neu gegessen werden – und mit den Jahren wurde mir das immer fader, was ich aber nicht zugeben durfte, denn das wäre ein Zeichen dafür gewesen, dass bei mir „etwas nicht stimmt". So grundlegend wichtig das Wort Gottes ist, so kann es doch „abgedroschen" und „leer" werden, und viele fragen sich irritiert, wie das nur sein kann. Wir werden gleich sehen, warum.

Doch dann stellte ich fest, was zu begreifen leider Jahre meines Christseins dauerte: dass Jesus gemäß den Aufzeichnungen des Neuen Testaments auch *nach* der Himmelfahrt weiter zu verschiedenen Jüngern geredet hat. Dass er Leuten wie Stephanus und Paulus ganz persönlich begegnet ist, ihr Leben grundsätzlich verwandelte und ihnen aktuelle Dinge mitteilte, Dinge über sie persönlich und auch Dinge über sich persönlich ... Ganz krass sticht natürlich die Offenbarung des Johannes auf der Insel Patmos hervor. Johannes bekam doch alles, was hier in Hebräer 1 steht, live (!) zu sehen: Die himmlische Majestät Jesu, die Ausstrahlung seiner Herrlichkeit und seines Wesens. Und er bekam jede Menge Dinge gezeigt und mitgeteilt über seine persönlichen Aufgaben sowie über Jesus und dessen zukünftige Vorhaben.

Also habe ich gedacht: O.k., Jesus *hat weiter geredet*, bzw. Gott hat weiterhin durch den Sohn zu Leuten gesprochen, aber – so dachte ich – nur zu *ganz Besonderen*. Zu den Aposteln! Und als diese gestorben waren, *dann* hat er zu niemandem mehr gesprochen. Und die Aufgabe der Kirche ab dieser Zeit ist es, die ein für alle Mal überlieferten Worte der Evangelien *und* der Apostel, wie sie uns in deren Briefen überliefert wurden, bis ans Ende der Zeit zu bewahren, zu kommentieren und zu verwalten. Und fertig.

Aber dann entdeckte ich, ihr ahnt jetzt schon was, dass Jesus in der Apostelgeschichte eben nicht nur zu Aposteln, sondern auch zu ganz normalen Jüngern geredet hat. Eine schöne Begebenheit ist Apostelgeschichte 9,10-18.

Es war aber ein Jünger in Damaskus mit Namen Ananias; und der Herr sprach zu ihm in einer Erscheinung: Ananias! Er aber sprach: Siehe, hier bin ich, Herr! Der Herr aber sprach zu ihm: Steh auf und geh in die Straße, welche die „gerade" genannt wird, und frage im Haus des Judas nach einem Mann mit Namen Saulus von Tarsus! Denn siehe, er betet; und er hat im Gesicht einen Mann mit Namen Ananias gesehen, der hereinkam und ihm die Hände auflegte, damit er wieder sehend werde.

Ananias aber antwortete: Herr, ich habe von vielen über diesen Mann gehört, wie viel Böses er deinen Heiligen in Jerusalem getan hat. Und hier hat er Vollmacht von den Hohenpriestern, alle zu binden, die deinen Namen anrufen. Der Herr aber sprach zu ihm: Geh hin! Denn dieser ist mir ein auserwähltes Werkzeug, meinen Namen zu tragen sowohl vor Nationen als Könige und Söhne Israels. Denn ich werde ihm zeigen, wie vieles er für meinen Namen leiden muss. Ananias aber ging hin und kam in das Haus, und er legte ihm die Hände auf und sprach: Bruder Saul, der Herr hat mich gesandt, Jesus – der dir erschienen ist auf dem Weg, den du kamst –, damit du wieder sehend und mit Heiligem Geist erfüllt werdest. Und sogleich fiel es wie Schuppen von seinen Augen, und er wurde sehend, stand auf und ließ sich taufen.

Das Erstaunliche mit diesem „Normal-Jünger" Ananias ist, dass Jesus ganz direkt zu ihm spricht – und dass das für Ananias gar nicht außergewöhnlich zu sein scheint. Es macht doch den Eindruck, dass er den Herrn so gut kennt, dass er gleich beim ersten Wort merkt, dass es Jesus ist, und reagiert: „Was gibt's, Herr?" Und Jesus sagt ihm dann sehr detailliert Dinge, die anstehen, und in Vers 13 antwortet Ananias dann auch ganz detailliert. Und so geht es hin und her. *Ein echter Dialog.* Großartig! Und die Ergebnisse dieser „Besprechung" waren auch großartig.

Also, man stelle sich vor: Der auferstandene Herr, Erbe aller Dinge, Abglanz und Ebenbild der Herrlichkeit und Gottes unterhält sich einfach mit einem ganz normalen Jünger! Das ist großartig, oder?! Für mich war diese Erkenntnis eine Revolution mit weitreichenden Folgen.

In meinem Gebetsleben früher hatte ich so etwas nämlich niemals erlebt. Ja, das kam in meiner Vorstellung dessen, was möglich ist für so einen Normal-Christen wie mich, überhaupt nicht in Frage. **Und das ist das Problem, weil wir uns nur im Rahmen dessen bewegen können, was wir uns vorstellen können und erwarten.** Wir empfangen das, was wir glauben. Und der Glaube kommt aus dem Wort (vgl. Röm 10,17). Selbst wenn wir davon ausgehen, dass „das Wort" ausschließlich die Schrift ist, müssen wir sehen, dass diese Begebenheit hier mit Ananias in der Apostelgeschichte 9 ja das Wort *ist*, Teil des Neuen Testamentes, Teil der Bibel. Sie ist die Vorlage dafür, wie es von Gott vorgesehen ist, mit uns zu kommunizieren. Aufgabe des schriftlich fixierten Wortes Gottes ist es, den Glauben in uns zu wecken, dass eine solch vertraute Kommunikation mit dem Herrn nicht nur möglich, sondern auch angesagt ist. Das heißt, diese Begebenheit mit Ananias ist nicht als eine einmalige, geschichtliche Ausnahme zu verstehen, sondern als Beispiel des normalen Umgangs des Herrn mit seinen Nachfolgern. Ich aber war gegenüber einer solch intimen Kommunikation mit dem Herrn völlig unzugänglich. Ich betete Gebete *zu* Gott, aber ich führte keine Gespräche *mit* ihm. Ich glaubte durchaus an Gebetserhörungen, z. B. als Antwort auf

Fürbitten, aber was Ananias hier hatte, das kannte ich nicht. Das hielt ich auch für unmöglich heutzutage. Hätte mir damals jemand erzählt, womöglich noch einer, der so ein „Normalo" wie ich war, dass er so etwas in seinem Gebet erlebt, dann wäre mir das seeehr seltsam vorgekommen. Ich hätte es wahrscheinlich in die Schublade „Okkultes" geschoben.

Obwohl: Ich war schon unzufrieden mit meinem „öden" Gebetsleben ...

Das „Manna von gestern" (d. h., das unpersönliche „Runterbeten" von Bibelstellen, Dank, Anliegen oder Fürbittelisten ...) hat mir einfach nicht besonders viel Kraft beschieden. Und was mich zusätzlich immer unter Schuld- und Schamgefühle („Verdammnis") brachte, war, dass alles, was das Neue Testament über Gebet sagt, stets so immens kraftvoll und intensiv klingt. Das ist so voller Eifer und Hingabe. Beispiel Epheser 6,18:

Mit allem Gebet und Flehen betet zu jeder Zeit im Geist, und wachet hierzu in allem Anhalten und Flehen für alle Heiligen und auch für mich ...

Da musste ich passen. Das hatte ich nicht, kannte ich nicht, konnte ich nicht.

Und ich kann sagen, ich erinnere mich an manche Gebetstreffen in früheren Zeiten, die furchtbar schwer und schleppend waren und wo man sich regelrecht durchs Pflichtprogramm formaler Gebete quälte, die immer dieselben waren. Da war ich als Jugendlicher froh, wenn's dann endlich vorbei war und die Kekse drankamen!

Ich will das so nicht wieder erleben. Ich wünsche mir eine Revolution unseres Gebetslebens!

Dass wir in eine neue Begegnung mit diesem Jesus eintreten, der doch wohl niemals langweilig, formal, schleppend und quälend ist, sondern erhaben, herrlich und machtvoll. Und der *dennoch* so vertraut und innig mit seinen Jüngern umgeht, wie wir es in der Begebenheit mit Ananias lesen. Das ist es, was uns verwandeln wird. Das ist es, was unsere gesamte Spiritualität verändert von einer formalen Religion zu einer realen Beziehung, in der wir *direkt* Worte hören und eine Berührung erleben, die uns lebendig machen.

Dieser Jesus, „der den vorzüglicheren Namen vor den Engeln hat, der sitzt zur Rechten der Majestät in der Höhe, Erbe aller Dinge, gesalbt ist mit Freudenöl vor seinen Gefährten ..." (vgl. Hebr 1,1-4), spricht mit Normalo-Jüngern wie Ananias ... Das ist ganz wunderbar! Das gibt mir Hoffnung, mächtige Hoffnung: Hoffnung für jetzt und für hier und nicht erst für nach dem Tode.

Ist uns klar, dass Ananias durch sein Handeln Einfluss auf die Welt-Geschichte genommen hat?! Denn dieser Saulus wurde ja schließlich zu Paulus! Ja, er erlebte eine wirkliche Transformation, in der nichts blieb, wie es war. Das hätte doch keiner geglaubt. Der Christenverfolger Saulus! Aber so kam es. Unglaubliches ist geschehen! Das nenne ich ein typisches Beispiel dafür, dass Jesus *Verwandlung* bringt. Tatsächlich ist das Evangelium die Kraft Gottes, die Sünder in Heilige verwandelt, Tote in Lebendige, Blinde in Sehende und die schlimmsten Feinde wie Saulus in die größten Evangelisten wie Paulus. Und diese Kraft des Evangeliums muss in großem Stil *auch bei uns* wieder Einkehr halten, oder nicht?!

So vieles muss überall und in allen Bereichen verwandelt werden. Und das wird durch den Gehorsam so kleiner „Otto-Normal-Jünger" wie Ananias geschehen! Durch wen auch sonst?

Ich glaube allerdings, dass das Erste, was von der Kraft des Evangeliums verwandelt werden muss, unser Gebetsleben ist. Dort beginnt es. Jesus muss wieder zurückkehren in unser Gebet. Seine Präsenz, seine Offenbarung, seine Führung soll in unserem Gebet zu Hause sein. Wir brauchen Augen, ihn zu sehen, Ohren, ihn zu hören, und Herzen, ihn zu empfangen.

Ich weiß nicht, auf welchem Stand dein Gebetsleben ist, lieber Leser. Ob es nur ein Reden *zu* Gott ist, oder ein Reden *mit* Gott; ob nur du Jesus *deine* Anliegen vorlegst, oder er auch *seine* Anliegen dir vorlegen kann, so wie er es bei Ananias getan hat. Ob du nur von den Worten lebst, die Gott zu *anderen* gesprochen hat, von den Antworten, die Gott anderen geantwortet hat, von den Führungen, die Gott andere geführt hat, oder ob du den Glauben hast, *selber* eine frische Antwort und eine frische Führung von Gott zu empfangen: *Manna für heute,* für das, was heute ansteht.

Wir kleben in unseren Gebeten oft an uns selber und drehen uns im Kreis und kommen gar nicht auf die Idee, Gott selbst zu fragen, was ER denn eigentlich vorhat?! Vielleicht will er auch *uns* zu jemandem senden in irgendeiner Straße in *unserer* Stadt, der dringend Hilfe braucht. Zu jemandem, der aus der Bahn geflogen ist bzw. vom Pferd wie Saulus. Und der nicht weiß, wie es weitergehen soll. Vielleicht jemand, der später mal eine wichtige Rolle in der Evangelisation *unseres* Landes spielen wird. Wer weiß das schon? Gott weiß es! *Und er will mit uns über seine Vorhaben sprechen!* Der große Gott will durch den Sohn zu uns Normal-Christen im 21. Jahrhundert am Ende der Zeit sprechen. Dies ist von größter Bedeutung.

Ich rate einem jeden, in seiner „Stillen Zeit" diese Geschichte Gott einmal vorzulegen und ihn zu bitten, ihn zu einem Ananias zu machen und den Weg in ein Gebet zu führen, das ein Gespräch mit ihm ist – vertraut, detailliert und wesentlich. Mit dieser Bitte geht die Revolution los. So ernst wir es damit meinen, so klar wird die Antwort darauf ausfallen. „Bittet – und es wird euch gegeben."

Wir brauchen das. Unsere Welt ist in der sogenannten „Endzeit". Nöte über Nöte türmen sich ins Unermessliche auf. Wir brauchen viele „Ananiasse", die wissen, wie man mit dem Herrn zusammenarbeitet. Und wir brauchen auch viele „Saulusse", die zu „Paulussen" verwandelt werden, die wir dringend zur Evangelisation benötigen. Wer würde das leugnen?

Seltsamerweise erhält man in vielen Gemeinden wenig Ermutigung dazu, die Stimme Jesu selbst zu hören, weil so große Angst davor herrscht, dass Menschen Fehler machen und sich wer weiß was einbilden, was Gott angeblich zu ihnen sagt. Und ja, es wird das geben. Angst ist aber wie immer, so auch hier, ein schlechter Ratgeber. Je mehr Leute durch den Prozess der eigenen Verwandlung gehen und in der Erfahrung des Dialogs mit Gott wachsen und reifen, desto mehr gute Mentoren werden wir haben, die den Anfängern Vorbilder sein und auf dem Wege beistehen können. Wir dürfen uns einfach nicht mit weniger zufriedengeben!

Der Herr erwartet, dass seine Schafe seine Stimme kennen und ihr folgen! So sagt er es in Johannes 10 ausdrücklich.

Wenn wir uns an ein Gebet gewöhnt haben, das ein direktes Reden des Herrn zu uns eigentlich ausschließt, indem es absolut nicht damit rechnet oder es durch eine beschränkte Theologie ausgeschlossen hat, dann gilt es, Buße zu tun.

Rufe mich an, dann will ich dir antworten und will dir Großes und Unfassbares mitteilen, das du nicht kennst (Jer 33,3).

Es ist meist ein zu kleines, harmloses und klischeehaftes Bild von Gott, welches gerade uns Männern zu schaffen macht und das Gebet seiner Schönheit und Größe beraubt. Ein Gott, der von der gängigen Theologie jeder Größe und Unfassbarkeit beraubt wurde, der vollkommen berechenbar und gleichförmig ist und von dem schlichtweg *gar nichts* Aktuelles zu erwarten ist, der stellt weder eine Motivation noch eine Herausforderung fürs Gebet dar. Natürlich wird uns gepredigt, dass Gott „groß und unfassbar" ist, aber nicht, dass er *uns* diese Größe und Unfassbarkeit *mitteilen* will. Dies aber wäre für Männer wirklich interessant. Tatsächlich ist die Qualität des Gebets in vielen Gemeinden so jämmerlich, da es zu nichts weiter als reiner Routine und Gewohnheit verkommen ist, die einschläfernd anstatt erweckend ist. Ein paar Pflichtbewusste halten durch. Zumeist handelt es sich bei denen um eine Handvoll Frauen …

In der Begebenheit mit Ananias sieht das so ganz anders aus. Warum? Wenn unser Christsein und Gemeindeleben sich angeblich an der Schrift orientieren, warum ist dann *alles ganz anders* als in der Schrift? Ehrlich gesagt verstehen auch sehr bemühte Pastoren und Mitarbeiter nicht, wie das sein kann. Aber sie sind gefangen in einer *bestimmten Vorstellung* von Spiritualität, einem so genannten *Paradigma*, welches nur begrenzte Erfahrungen mit Gott ermöglicht und „erlaubt". Da diese „bestimmten Denkmuster" zumeist über eine lange Tradition verfügen, sind sie gut zementiert und durch endlose Wiederholung so festgefügt, dass Abweichungen davon geradezu unvorstellbar sind und als „falsch" erscheinen. Der Status quo wird als „gültig und wahr" erhalten und verteidigt. Das ist verständlich, aber fatal.

In der Revolution des Gebetes geht es um eine *neue Sicht*, wer Gott eigentlich ist, und gleicherweise eine neue Sicht, wer wir als seine Gegenüber eigentlich sind. Die Tradition und Dogmatik unserer Kirchen mag sich zu der anmaßenden Idee versteigen, sie könne uns die Wahrheit über Gott und uns sagen, aber das kann nur der Heilige Geist. Die Aufgabe der Kirche ist nicht, ihm den Job abzunehmen, sondern die Menschen auf ihn hinzuweisen und mit allen ihr zur Verfügung stehenden Mitteln dazu zu ermuntern, sich *direkt* an ihn zu wenden. Wie viele „Gläubige" wie viele Jahre in die Gemeinde laufen und das *nicht* tun, ist völlig schockierend.

Geht es in den formalen Gebetsveranstaltungen der formellen Gemeinde um ein sich immer etwa gleich wiederholendes Ritual, dann spiegelt sich darin das statische Bild von Gott wider. Aber Gott ist dynamisch. Er steht nicht still, er ist in Bewegung. Da wird ein Gebet, welches sich an ihm orientiert, wie er wirklich ist, natürlich auch dynamisch und bringt uns in Bewegung.

Wie ich schon mehrmals in diesem Buch betont habe, sind wir in unserem Kulturkreis an ein Gottesbild gewöhnt, in dem es Gott scheinbar immer nur um Richtig und Falsch geht. Sein persönliches Interesse an uns scheint sich darin zu erschöpfen. Aber ihm geht es viel mehr um *das Leben*. Er ist die „Quelle des Lebens" und verheißt uns „Leben im Überfluss". Ein Gebet, welches uns nicht lebendig macht, geht am Ziel vorbei. Das wahre Gebet schließt uns mit dem Gott zusammen, der lebendig ist und auch uns lebendig macht. Darum ist ein typisches Kennzeichen des transformatorischen Gebetes, dass es uns lebendig macht. Da hören alle Monotonie und Langeweile auf. Der Heilige Geist lädt uns in einem solchen Gebet geradezu mit Leben auf, sodass unser ganzes Wesen beginnt aufzuatmen, aufzuleben und zu scheinen wie eine Lampe in der Nacht. Wie sehr wir das brauchen! Wenn wir aber noch nie überhaupt auf die Idee gekommen sind, dass es im Gebet um *lebendig werden* geht, werden wir eben auch nicht lebendig, sondern wiederholen stereotyp unsere vorformulierten „richtigen" Gebete. Es erstaunt mich immer wieder, wie Leute dieselben Gebete jahrein und jahraus immer wiederholen und nicht aufgeben, obwohl der Himmel offensichtlich niemals darauf reagiert und keine Erhörung eintritt. Diese Leute trösten sich offensichtlich damit, dass sie „treu ihre Pflicht erfüllt haben". Und das scheint für sie die Hauptsache zu sein. Sie erwarten den Lohn für ihre Treue in der Ewigkeit. Für Männer, die im Allgemeinen eine gewisse praktische Orientierung haben, ist solch eine Art von ineffizientem Gebet nicht eben attraktiv. Mann kann seine Zeit auch wirklich mit angenehmeren Sinnlosigkeiten vergeuden ...

Im wahren Gebet geht es zunächst weder um Anliegen, mit denen wir Gott „zutexten", noch um wohlformulierte Worte, die Gott beeindrucken sollen, sondern darum, in einen *Zustand* zu kommen, in dem wir *Gott begegnen* können. Wir brauchen ja schon zu einer wirklichen und tiefen Begegnung mit einem Menschen eine entsprechende Verfassung und Präsenz, wie viel mehr ist das bei Gott so! Haben wir darüber schon einmal nachgedacht? Um einem Menschen echt zu begegnen, brauchen wir einen geschützten Rahmen und Zeit, deren Ende nach hinten relativ offen ist. Wenn wir eine Begegnung zwischen ein paar andere Termine schieben und im Gespräch mit dem anderen ständig auf die Uhr schauen müssen, weil wir gleich weiter müssen, dann wird das keine besonders exklusive Begegnung werden.

Um sich von Herz zu Herz zu begegnen und wahr miteinander zu werden, braucht es Zeit und Sensibilität. Wir stellen uns aufeinander ein. Erst trinken wir Tee, erkundigen uns nach dem Ergehen der Familie oder was auf der Arbeit los ist. Im weiteren Verlauf des Gespräches werden die Themen persönlicher, und wenn es gut läuft, kommen wir in eine wirkliche Berührung, die Erfahrung von Nähe ... und Liebe. Es kann sein, dass wir uns schließlich sogar ohne Worte auf einer Ebene erkennen und *fühlen*, die kein Reden mehr braucht. Wo Blicke und Gesten mehr als Worte sagen. Solche Begegnungen machen unser Leben bedeutungsvoll und reich. Sie verwandeln uns – und darum geht es doch. Und bei Gott ist das kein bisschen anders!

Wenn wir uns also aufmachen zum Gebet, dann kann es uns helfen, uns erstens einmal klarzumachen, dass es um eine *wahrhaft bedeutungsvolle und verwandelnde Begegnung geht.* Wir können Gott unsere ganze Routine, Gewohnheit und Erwartungslosigkeit zu Füßen werfen und ihn bitten, uns davon zu befreien. Wir werden knochenehrlich mit Gott. Ehrlichkeit ist immer der

Schlüssel zu Befreiung. Wir erzählen Gott von unserer Furcht und Scham ihm gegenüber. Wir sagen ihm, dass wir den Eindruck haben, dass unsere Gebete nur bis zur Zimmerdecke gehen und dass wir seine Stimme nicht wahrnehmen können usw. Wir können auch zugeben, dass wir wütend auf ihn sind und ihn nicht verstehen. Wir können uns „auskotzen", wie man sagt. Gott hält das aus, keine Sorge! Es mag uns dabei so manches, was in uns gärt, naiv erscheinen und schrecklich peinlich sein, aber wir machen uns offen, wir geben uns zu, wir hören definitiv auf, Gott und uns *irgendetwas* vorzumachen. Wir werden authentisch. Dieses „Nacktwerden" vor Gott wird uns dadurch belohnt werden, dass auch Gott ganz offen und ehrlich mit uns sein wird und dass er uns *neue Kleider* zum Anziehen gibt. Auf einmal, siehe da, *erleben* wir Gott! Dann können wir ihn bitten, uns aufzurichten, lebendig und wach zu machen.

Wir wählen für das Gebet eine Umgebung, die uns hilft, *unser Herz vor Gott auszuschütten*. Dabei hilft es vielen Männern, wenn sie sich bewegen können und z. B. einen ausgedehnten Spaziergang machen. Oder wenn sie alleine zu Hause sind und keine Pflicht ruft und niemand sie stört. Das Problem zu Hause kann aber sein, dass dort noch so vieles zu tun ist oder das Telefon klingelt, sodass das Ablenkungspotenzial recht groß ist. Unser Verhalten muss Gott einfach zeigen, dass wir es ernst mit ihm meinen und wir ihm ganz wirklich Zeit und Raum geben wollen, uns zu begegnen.

Wenn eine Gruppe zusammen betet, ist es hilfreich, wenn es sich nicht um ständig wechselnde Personen handelt, denn echtes, gemeinsames Beten ist *ein Weg*, den wir beschreiten. Wir werden in diesem Prozess vom Heiligen Geist als Gebetsgemeinschaft in eine Begegnung mit Gott und miteinander geführt, die uns verwandelt. Und von Treffen zu Treffen *wachsen* wir darin und gehen weiter. Wenn jedes Mal andere Leute zusammenkommen, muss der Heilige Geist immer wieder von vorn anfangen, was er aber nicht tun wird, weil es nichts bringt. Er wartet darauf, dass wir klarkriegen, was wir eigentlich *wirklich wollen* und wozu wir uns definitiv *entschließen*. Wir werden uns und Gott gegenüber Entscheidungen treffen müssen. Haben sich ein paar Leute gefunden, die in ihrem Willen und Entschluss übereinstimmen und die sich gemeinsam auf einen Prozess einlassen, kann Großes geschehen. In den Gebetstreffen solcher Gruppen wird sich so etwas wie Langeweile, Routine und Ereignislosigkeit nicht finden lassen, sondern ganz im Gegenteil: Dort ereignet sich das Reich Gottes in Erweisung des Geistes und der Kraft.

Das, was Ananias erlebte, sollen auch wir erleben. Ananias war ein Mann. Wie schon in der Betrachtung der Männer in Lukas 5 ist es für uns günstig, in Ananias „einen wie uns" zu sehen. Seine *Vertrautheit* mit Jesus ist uns Vorbild für unsere Reise des Gebets, welches als Ziel die *Vereinigung* mit Gott hat. Gott wird immer unsere Männlichkeit herausfordern zu Wachstum, Reife und Fruchtbarkeit, so wie er bei jeder Frau ihre Weiblichkeit dazu herausfordern wird. Er bringt Menschen immer an ihre Grenzen und dann darüber hinaus. Er macht niemanden klein, sondern alle groß. Wer allerdings nur Angst vor Grenzerfahrungen und Größe hat, kann diesen Weg unmöglich gehen.

Nachgefragt

- Wie „trocken" oder „lebhaft" sieht es in deinem Gebet aus? Ist es in Routine „eingeschlafen" oder rechnest du mit dem lebendigen Gott?

- Glaubst du, dass du, wenn du betest, *wirklich* eine Audienz mit *Gott* hast?

- Gibt es einen Dialog in deinem Gebet? Wenn nein, warum eigentlich nicht? Wie kannst du ihn beginnen?

- Wie sieht das Gebetsleben in deiner Gemeinde aus? Hat es Priorität und geht es dabei um eine wirkliche Begegnung mit Jesus?

- Wie kannst du die Stimme Jesu im Gebet hören? Es gibt über das „hörende Gebet" einige gute Bücher.

- Mit wem kannst du deine Gebetserfahrungen austauschen bzw. mit welchen Leuten neue Erfahrungen machen, weil sie sich danach sehnen?

DU
SOLLST
LEBEN!

JA,
ICH WILL LEBEN!

KAPITEL 8

Revolution der Jüngerschaft

Nachdem wir also einige Runden lang dem Feld der Männer Le-
ben zugesungen haben, scheint etwas vor sich zu gehen. Es ist,
als habe der Acker Ohren, die sich auf einmal ein klein wenig
öffnen und auf unser Singen hören. Was sie hören, tut ihnen gut.
Sie haben lange nicht gehört, dass jemand zu ihnen sagt: „Du
sollst leben!" Sie haben eigentlich immer nur gehört: „Du sollst
funktionieren!" Der Boden fühlt sich schrecklich ausgelaugt und
ausgebeutet. Irgendwann verfiel er in eine Art leblose Starre. Er
büßte seine Vitalität ein und liegt wer weiß wie lange schon tief
in sich selbst zurückgezogen brach da. Niemand scheint sich
groß darüber zu wundern oder zu bekümmern, noch einen Wert
in ihm zu sehen – nur die dunklen Krähen ...

Aber jetzt, da Worte des Lebens auf ihn herabregnen, rührt sich
tief unten in der Erde eine verborgene, nicht zu tötende Sehn-
sucht, die antwortet: „Ja, ich will leben!" Wir Beter spüren es und
sind ermutigt, mit unserem Segnen weiterzumachen. Da spricht
Gott plötzlich noch einmal zu mir: „Dieses Land hat vergessen,
wer es ist ..."

Manches, was ich in diesem Kapitel sage, sage ich bewusst ein
wenig überzeichnet; nicht, um heilige Dinge der Lächerlichkeit
preiszugeben, sondern um uns wachzurütteln. Da wir mit manchen Begriffen und Themen vermeintlich so vertraut sind, weil wir
unser ganzes Christenleben lang schon Predigten darüber gehört
haben, sind wir nicht mehr richtig bei der Sache, wenn schon
wieder darüber gesprochen wird.

Der Begriff „Jünger" ist eines dieser Worte, mit dem wir feste Vorstellungen verbinden und über das wir von einer weiteren Predigt eigentlich nichts Neues erwarten. Darum muss ich streckenweise „dick auftragen", um fest gefügte Ansichten zu erschüttern und die Bedeutung der Jüngerschaft in ein neues Licht zu rücken.

Vor Kurzem war Allianzgebetswoche. Ich saß unter einem Plakat mit der Überschrift „Jüngerschaft". Alle, die bei diesem Plakat saßen, sollten dann gemäß den Punkten unter dieser Überschrift für Jüngerschaft beten. Alle beteten sehr *ernste* Gebete. Es ging schließlich um ein heikles und heiliges Thema, das uns, die wir unter dem Plakat versammelt waren, unmittelbar anging! Schließlich beruft Jesus *uns* in die „Nachfolge", die es Tag für Tag zu leben gilt, was aber – o Schande! – scheinbar niemand tut.

Während ich so den Gebeten zuhörte, fiel mir auf, dass sich dieses Thema der Jüngerschaft in den Gebeten mit lauter Vorstellungen und Vokabeln von hoher Leistung verknüpfte: mit heiliger Disziplin, überragender Hingabe und intensiver Arbeit für den Herrn. Daraus folgend natürlich auch mit jeder Menge Schuld- und Schamgefühlen, dass wir ja so hoch und heilig, überragend und intensiv, wie wir sein sollten, nicht sind – obwohl wir schon so lange Christen sind und ja so viel über Jüngerschaft wissen.

Ich merkte mit jedem Gebet mehr, wie das, was die schönste Sache der Welt und das größte Abenteuer des Lebens sein sollte, entsetzlich entstellt, „vergesetzlicht" und zu einem schieren Albtraum gemacht worden ist. In den Gebeten war keine Spur von Spaß an der Sache, Leidenschaft, Schmetterlingen im Bauch und Adrenalin in den Muskeln zu finden. Keine Erhebung und keine Erregung. Eher ein chronisch schlechtes Gewissen, Müdigkeit und Ohnmacht. Und nach Jahren immer gleicher Gebete wie einmal mehr dort auf der Allianztagung auch schlicht Resignation.

„Jüngerschaft", das impliziert in unseren auf Hochleistung getunten Hirnen, dass wir endlich die noch fünf bis zehn Bücher lesen sollten, die wir auf Halde liegen haben, und mit unserem Hauskreis einmal intensiv das Vierzig-Tage-Programm „Leben mit Mission" durcharbeiten müssten. Und eigentlich wollten wir immer schon mal eine Jüngerschaftsschule von „Jugend mit einer

Vision" besuchen. *Danach* wären wir bestimmt *richtige* Jünger und würden *endlich* Frucht bringen ...

Wollen wir mal nachlesen, was das mit der Jüngerschaft bei den originalen zwölf Jüngern von Jesus damals in neutestamentlichen Zeiten wirklich auf sich hatte:

> *Und er (Jesus) steigt auf den Berg und ruft zu sich, die er wollte. Und sie kamen zu ihm; und er berief zwölf, damit sie bei ihm seien und damit er sie aussende, zu predigen und Vollmacht zu haben, die Dämonen auszutreiben* (Mk 3,13-15).

Diese Verse zeigen uns die grundlegenden Attribute von echter Jüngerschaft. Und sie sagen uns, mit welchen Absichten Jesus diese zwölf Männer berief, die uns das Urbild christlicher Jüngerschaft vorgeben. Ich gehe diesen Text einmal von hinten nach vorne und dann von vorne nach hinten durch:

Jüngerschaft hat etwas zu tun mit *Dämonen austreiben*. Wir lesen richtig. Genau das steht dort. Aber warum denn sollte sich Jüngerschaft gerade darin zeigen? Nun, darum, weil Jesus das tut. Er treibt die Dämonen aus. Dies ist unbestreitbar ein zentraler Aspekt seines Dienstes, und in zahlreichen Kapiteln der Evangelien ist das ausführlich dokumentiert. Und Jüngerschaft orientiert sich an dem, was Jesus tut. Ein Jünger schaut aufmerksam auf seinen Meister, um alles, was der tut, genauso zu tun wie er. Was Jesus als der Meister tut, *genau das* tut sein Jünger mit ihm bzw. in seinem Namen. Also *wird* er Dämonen austreiben.

Wenn wir die Evangelien lesen, dann ist ja schnell klar: Wo Jesus auftaucht, da zittert die Finsternis. Es steht ausdrücklich geschrieben, dass Jesus dafür gekommen ist, die Werke der Finsternis zu zerstören (vgl. 1 Joh 3,8; Apg 10,38). Und Jesus sagt: *„Wenn ich aber durch den Geist Gottes die Dämonen austreibe, so ist also das Reich Gottes zu euch gekommen"* (Mt 12,28). Weiter kündet er im Zusammenhang mit dem Missionsbefehl auch an, dass eines der Zeichen, die denen folgen werden, *die an ihn glauben*, dieses sein werde: In seinem Namen werden sie Dämonen austreiben (vgl. Mt 12,27).

Jüngerschaft bedeutet, dass Jesus dich ruft: „Komm hier an meine Seite und lerne von mir. Schau mir genau zu. Folge mir aufmerksam in allem, auch darin, die Finsternis zu konfrontieren."

Wenn wir eine Zeit lang mit Jesus unterwegs gewesen sind, wird er uns etwas darüber beibringen, wie wir nicht nur zuschauen, sondern die Arbeit *mit ihm zusammen* machen können. Er lehrt uns etwas über den Umgang mit Vollmacht. Jüngerschaft ist, dass Jesus uns in das mit einbezieht, was er tut, und uns zeigt, wie er das macht, was er macht. Ein wahrer Jünger kommt unmöglich an dem Thema Vollmacht vorbei. Genauso wenig wie daran, in dieser Vollmacht die Werke der Finsternis zu zerstören – in Jesu Namen.

Beschreiten wir den Weg der biblischen Jüngerschaft, erkennen wir bald, dass Jesu mächtigstes Mittel zur Zerstörung der Finsternis und zur Rettung der Verlorenen *Worte* sind. Jesus treibt die bösen Geister aus *durch ein Wort* (vgl. z. B. Mt 8,16). Worte sind es, die, im Namen Jesu ausgesprochen, Kraft haben und die Finsternis konfrontieren. Ich rede hier nicht von Worten, die auf einem Predigerseminar vermittelt werden, auf dem man Theologie und Rhetorik studiert, sondern von Jesus, der uns genau sagt, was es von *Fall zu Fall* und von *Mensch zu Mensch zu sagen gilt*, was auch Kraft hat zu befreien und was auch Licht in die Dunkelheit bringt. An einer Stelle sagt Jesus: „Was ich euch im Verborgenen ins Ohr flüstere, das ruft aus auf den Dächern" (vgl. Mt 10,27). Sein Ohr *so nah* am Mund Jesu zu haben, das ist Jüngerschaft.

Dieses „Dasselbe sagen wie Jesus", und das auch noch in der derselben Art und Weise wie er und dazu noch in derselben Vollmacht wie er, das ist es, was einen reifen Jünger kennzeichnet. Das ist es auch, was ein Jünger anstrebt, denn *„es ist dem Jünger genug, dass er sei wie sein Herr"* (vgl. Mt 10,25).

Dieses „So reden und handeln, wie Jesus redet und handelt" bekommen wir nur an einer Stelle. Das wahre Jüngersein, welches sich dadurch ausdrückt, dass es genau so redet und handelt, wie Jesus redet und handelt, findet man nicht in den Büchern, nicht in den Kursen, nicht auf den Schulen oder in der Gemeinde. Wir bekommen es allein **in seiner Nähe**. Dies muss uns klar werden. Der Schlüssel zur Jüngerschaft ist Nähe.

Kinder sprechen nach einiger Zeit die Sprache ihrer Eltern – ganz egal, wie schwer die Sprache ist. Und sie sprechen sie dazu auch noch in derselben Art und Weise wie ihre Eltern. Und alles ganz ohne Bücher, Kurse und Schule, *weil sie bei ihnen sind.* Tag und Nacht. Die ursprünglichen zwölf Jünger waren Tag und Nacht mit Jesus zusammen – drei Jahre lang. Danach sprachen auch sie seine Sprache und taten seine Werke.

Ich sage nichts gegen Bücher, Kurse und Schulungen. All das hat seinen Platz und seinen Sinn. Aber dieses Material bringt im Leben nicht einen Jünger hervor. Ein Jünger wird nur in der Gegenwart des Meisters ein Jünger. Ohne diese kann er kein Jünger sein. Wo kein Meister ist, da ist kein Jünger bzw. Schüler. Nicht wir machen uns zu Jüngern, sondern der Meister macht uns zu welchen. Ein Jünger verlangt auch nicht nur nach Wissen über den Meister, sondern nach dem Geist des Meisters. Um so zu sein wie der Meister, muss er eines Geistes mit ihm sein. Das aber vermittelt sich nicht durch Lehrmaterial, sondern nur durch persönlichen Kontakt.

Jüngerschaft ist nicht etwas, was man „automatisch" mit der Wiedergeburt empfängt. Jüngerschaft braucht einen Entschluss zu echter, vorbehaltloser Hingabe. Ein oder zwei christliche Veranstaltungen in der Woche zu besuchen, das macht aus uns keine Jünger. Aber auch *alle* Veranstaltungen zu besuchen, die es gibt, würde uns zu keinem machen, sondern nur zu einem Veranstaltungsbesucher. Ein Jünger ist dadurch ein Jünger, dass er seinen Meister *liebt* und *unbedingt* bei ihm sein will. Immer.

Dabei ist es logischerweise nicht möglich, in seiner Gegenwart zu leben und in völliger Unkenntnis über die dämonische Welt zu bleiben. Es ist ganz unmöglich, in seiner Gegenwart zu leben und nichts von Vollmacht zu verstehen. Es ist nicht möglich, in der Gegenwart des größten Lehrers zu verweilen und nicht irgendwann anzufangen, die gehörten Worte lehrend an andere weiterzugeben.

Jetzt von vorne nach hinten:

Jüngerschaft beginnt mit einer Berufung Jesu: „Komm zu mir!" Ohne diese Gewissheit: „Jesus will mich bei sich haben. Er ruft mich!" gibt es keine Jüngerschaft, sondern nur ein religiöses Imitat, welches nicht auf Berufung, sondern auf religiöser Leistung beruht. Es lebt nicht aus „bei ihm sein", sondern aus „es selber schaffen". Es stellt nicht Jesus in den Mittelpunkt, sondern das Selbst.

Von diesem religiösen Imitat haben wir leider recht viel in den Gemeinden: Menschen, die zwar bekehrt, aber nicht hingegeben sind. Leute, denen es nicht um den Meister, sondern um sich selbst geht. Menschen, die nur Hilfe und Segen von Jesus und der Gemeinde suchen, um weiter ihren eigenen Weg zu gehen.

Unser Selbst ist mit jedem einzelnen Anspruch, den Jesus an Jünger stellt, hoffnungslos überfordert. *Mit jedem einzelnen.* Sowohl die Motivation als auch das Verstehen als auch die Kraft der Jüngerschaft fließen alle von Jesus selbst. Er muss konsequent im Mittelpunkt stehen. Dann ergibt sich gesunde, effektive Jüngerschaft wie von alleine. Dann macht das auf einmal auch Spaß und ist aufregend und abenteuerlich. Da ist eine Stunde beten nicht jenseits von dem, was man leisten kann, sondern ein Teilhaben an den Dingen des Reiches Gottes an der Seite von Jesus – dem Meister des Gebets.

Hier steht also erstens, dass Jesus sie „ruft, bei ihm zu sein". Dann folgt der kleine Satz, den man, wie so viele kleine Sätze in der Bibel, leicht überlesen kann: „Und sie kamen zu ihm."

Kommen wir denn wirklich *zu ihm*? Oder kommen wir zu einem *religiösen System* und Regelwerk, das es zu erfüllen gilt, um ein „guter" Jünger zu sein?

Jüngerschaft ist im Kern nicht Bibellese, stille Zeit, in die Gemeinde gehen, Evangelisation, Diakonie usw. Die Pharisäer hatten das alles in ihrem Rahmen „voll drauf" – und das viel disziplinierter als wohl jeder von uns, *aber zu Jesus kamen sie nicht*:

> *Ihr erforscht die Schriften, denn ihr meint, in ihnen ewiges Leben zu haben, und sie sind es, die von mir zeugen, aber ihr wollt nicht zu mir kommen, damit ihr Leben habt* (Joh 5,39-40).

Es gibt auch heute eine Menge Christen, die eifrig die Schrift erforschen und meinen, in ihr das ewige Leben zu haben. Sie sind eigentlich nicht Jünger Jesu, sondern „Jünger der Schrift". Zumeist sind sie auch genauso gesetzlich wie die Pharisäer und erkennen Jesus genauso wenig.

Die erste Frage der ersten Jünger finden wir in folgendem Text:

*Und es hörten ihn die zwei **Jünger** reden und folgten Jesus nach. Jesus aber wandte sich um und sah sie nachfolgen und spricht zu ihnen: Was sucht ihr? Sie aber sagten zu ihm: Rabbi – was übersetzt heißt: Lehrer –, wo hältst du dich auf? Er spricht zu ihnen: Kommt, und ihr werdet sehen! Sie kamen nun und sahen, wo er sich aufhielt, und **blieben** jenen Tag **bei ihm*** (Joh 1,37-39).*

*Vater, ich will, dass die, welche du mir gegeben hast, auch **bei mir seien,** wo ich bin, damit sie meine Herrlichkeit schauen, die du mir gegeben hast, denn du hast mich geliebt vor Grundlegung der Welt* (Joh 17,24).

Jüngerschaft ist nicht Leistung. Jüngerschaft ist Beziehung! Es ist „bei ihm sein". Nicht einmal Weissagen, Dämonen austreiben und Wunder wirken definieren einen Jünger:

Viele werden an jenem Tage zu mir sagen: Herr, Herr! Haben wir nicht durch deinen Namen geweissagt und durch deinen Namen Dämonen ausgetrieben und durch deinen Namen viele Wunderwerke getan? Und dann werde ich ihnen bekennen: Ich habe euch niemals gekannt. Weicht von mir, ihr Übeltäter! (Mt 7,22-23).

Hier wird sehr klar gesagt, was Jesus sehen möchte: Dass wir ihn kennen.

Martha hatte eine Schwester namens Maria, die sich zu den Füßen Jesu setzte und seinen Worten zuhörte. Martha aber war sehr beschäftigt mit vielem Dienen. Sie trat aber herzu und sprach: „Herr, kümmert es dich nicht, dass meine Schwester mich alleine dienen lässt? Sage ihr doch, dass sie mir helfen soll!" Jesus aber antwortete ihr und sprach: „Martha, Martha, du bist besorgt und beunruhigt um viele Dinge; EINES aber tut not! Maria hat das gute Teil erwählt, welches nicht von ihr genommen werden wird ..." (Lk 10,42).

Als gute Deutsche finden *wir* den Einsatz von Martha sicher vorbildlich und sind geneigt, zu ihr zu halten. Schließlich leistet sie. Und wir sind ja so leistungsorientiert. Und Maria ... na ja, sieht nicht gerade nach vorbildlicher Jüngerschaft aus. Sie *dient* ja gar nicht!

Aber, wer meint ihr, *kennt* Jesus nach dieser Episode besser: Martha oder Maria?

Viele Christen sind auf dem Martha-Tripp. Sie meinen, sie würden sowieso schon wissen, was Jesus von ihnen erwartet und wie sie sich christlich zu benehmen haben. Aber sie wissen es nicht und können es gar nicht wissen, weil sie Jesus gar nicht zuhören. Jesus sagt in Johannes 10: *„Ich kenne meine Schafe, und sie kennen* **mich** *..."* Jesus definiert seine Schafe nicht nach ihrer Leistung, nach ihrer moralischen Integrität oder ihrem frommen Benehmen, sondern danach, *dass sie ihn kennen*. Und kennen können sie ihn nur, wenn sie bei ihm sind.

Für uns alle ist angesagt, dass wir die falsche, egozentrische, scheinheilige Leistungs-Jüngerschaft überwinden und frei werden zur schönen und wunderbaren Jüngerschaft, die aus der Nähe zu Jesus fließt.

Bleibt in mir und ich in euch. Wie die Rebe nicht von sich selbst Frucht bringen kann, sie bleibe denn am Weinstock, so auch ihr nicht, ihr bleibt denn in mir (Joh 15,4).

Folgende Aussagen über das Wesen von Jüngerschaft fand ich ausgerechnet bei einem Buddhisten, was mir gezeigt hat, dass die dortige Kultur über ein tieferes Verständnis der Sache verfügt als die unsere:

Die moderne Idee, sich immer alle Optionen offen halten zu wollen und sich niemals einer Sache wirklich verschreiben zu müssen, ist eine der größten und gefährlichsten Illusionen unserer Kultur und eines der wirkungsvollsten Mittel des Ego, unser geistliches Wachstum zu sabotieren.

Wir brauchen Lehrer, nicht nur Bücher, weil durch sie die

Wahrheit auf uns übertragen wird von Herz zu Herz und von Geist zu Geist. Was die Welt dringend braucht, ist ein klares Verständnis dessen, was einen wahren Lehrer ausmacht und wie ein wahrer Schüler bzw. Jünger beschaffen ist – und was die Natur der Verwandlung ist, die durch Hingabe an den Lehrer stattfindet. Ein Bewusstsein dessen, was man die „Alchemie der Schülerschaft" nennt. Einzig und allein durch Hingabe kann man die Wahrheit erkennen.

Die letzte Wahrheit lässt sich nicht mit dem Verstand begreifen. Sie begreifen wir mit dem Geist bzw. mit dem Herzen. Dieser Pfad des Herzens ist Hingabe.

Es ist also unumgänglich, wahre Hingabe kennenzulernen ... Wahre Hingabe ist eine stetige Empfänglichkeit für die Wahrheit. Sie hat ihre Wurzeln in einer ehrfurchtsvollen Dankbarkeit, die zugleich klar, geerdet und intelligent ist.

Wenn es dem Lehrer gelingt, der Schüler Herz zu öffnen und ihnen einen Einblick in die Wahrheit über sich selbst und über Gott zu gewähren, dann steigt in ihnen eine Woge freudiger Dankbarkeit auf. Dieses ungekünstelte, aufrichtige Gefühl ist in einer unbestreitbaren inneren Erfahrung gegründet.

Hingabe ist Hochachtung und Sehnsucht. Hochachtung vor den Lehren und dem Lehrer, der sie gibt, und Sehnsucht nach dem, was er in uns wachrufen kann. Eine wahre Lehrer-Schüler-Beziehung ist eine Herzenssache. Betrachten wir unseren Lehrer nur als gewöhnlichen Menschen, dann empfangen wir auch nur den Segen eines gewöhnlichen Menschen. Betrachten wir ihn als eine Gabe Gottes an uns, dann erhalten wir den Segen Gottes.

Hingabe bringt Segen. Um die volle verwandelnde Kraft des Segens und das ganze Ausmaß seiner Fülle erhalten zu können, müssen sie sich also bemühen, die vollständigste und reichste Hingabe zu entfalten, die ihnen nur möglich ist. ...

Hingabe ist der reinste, schnellste und einfachste Weg zu Erkenntnis und Erweckung.[1]

---

[1] Sogyal Rinpoche, *Das tibetische Buch vom Leben und Sterben*, Fischer-Verlag, Frankfurt, S. 173-175.

Ich kann mich diesen Worten nur anschließen, auch wenn ich die buddhistische Lehre nicht vertrete. Jesus ist der wahre Lehrer und Meister, und er ruft uns, seine Jünger zu sein. Welche Ehre! Um diesen Ruf zu beantworten, braucht es, wie schon so oft in diesem Buch gesagt, nicht das Erbringen eines ganzen Kataloges von Leistungen, sondern das *Einnehmen eines bestimmten Zustandes*. Nämlich des Zustandes der freudigen und dankbaren Hingabe. Das Einnehmen einer Haltung von Aufmerksamkeit und Empfänglichkeit mit Hochachtung und Sehnsucht. Nehmen wir diese Haltung ein bzw. finden wir in diesen Zustand hinein, dann können sich Dinge ereignen, die sich jenseits dieses Zustandes einfach nicht ereignen können, weil wir nicht im Geringsten dazu bereit sind.

Das ganze Ziel der gegenwärtigen in aller Welt sich vollziehenden Erneuerung der Kirche liegt darin, dass wir aufhören, Jesus in den Griff kriegen zu wollen, und dass stattdessen er uns in den Griff bekommt; dass nicht mehr wir die Gemeinde bauen, sondern er; dass nicht mehr er uns folgen muss, sondern wir ihm. Und das ist nicht länger nur eine Reform, sondern Revolution …

Was heißt das nun für uns Männer im Besonderen? Nicht, dass nicht auch Frauen ganz genauso wie Männer von Jesus in die Nachfolge gerufen wären! Aber erneut haben wir den Vorteil, dass wir in den ursprünglichen zwölf Jüngern eine Gruppe von Männern vor uns haben, die sich ganz und gar, mit Haut und Haar auf Jesus eingelassen haben. Ursprünglich wurde die Gemeinde aus dieser *Bruderschaft* geboren, die Jesus um sich geschart hatte, damit sie – wie weiter oben bereits zitiert *„bei ihm seien und damit er sie sende, zu evangelisieren und Vollmacht zu haben, die Dämonen auszutreiben"* (vgl. Mk 3,14). Jesus befand sich nicht auf einer „Freizeit", sondern auf einer „Mission". Es ging um nichts weniger als um die Rettung der Welt. Hierzu richtete er aber keinen Hörsaal ein mit jahrelangem, abstraktem Frontalunterricht, sondern nahm die Jünger in seiner Mission mit und führte sie *live* durch „Himmel und Hölle". Er führte sie an ihre absoluten Grenzen – und darüber hinaus. Diese Männer waren so intensiv dabei und so direkt beteiligt, dass sie ganz ohne theologische Ausbildung in Homiletik, Rhetorik und Exegese in der Lage waren, das Evangelium in eben jener *Vollmacht* zu verkündigen, wie Jesus es bestimmt hatte und die Dämonen es fürchteten. Jesus verwandelte diese Männer in Jünger und nicht in Besucher – in „Männer mit einer Mission" und nicht „Konsumenten mit einer Religion".

Man konnte Jesus nicht „besuchen" – etwa am Sonntagvormittag. Man folgte ihm mit Haut und Haar unter Einsatz des gesamten Lebens, oder man blieb zu Hause. Die Bedingungen der Nachfolge, wie sie Jesus stellt, sind umfassend und beispiellos.

Diese Verbindung aus direktem Kontakt mit Jesus (Berührung) und Sendung in eine Mission (Bestimmung) ist für Männer sehr attraktiv. In der modernen Kirche, die Institutionen errichtet und nicht verschworene Gemeinschaften bildet, fehlt beides, und so ist sie für Männer auch nicht attraktiv. Sonntags drei Lieder singen, einen Vortrag hören und noch einen Kaffee trinken – das ist nicht Gemeinde, die so wie Jesus ist, sondern es handelt sich dabei um eine durch Jahrhunderte kunstvoll domestizierte Form von „Christsein ohne Christus" bzw. einem „Sonntagschristentum", in dem es um alles andere, aber nicht um risikoreiche Nachfolge, achtungsvolle Hingabe, Grenzerfahrungen oder gar um die Vollmacht, Dämonen auszutreiben, geht. Oder darum, Männer von religiösen Konsumenten in missionarische Jünger zu verwandeln ...

Männer sind handlungsorientiert. Wo ist die Gruppe, die Bruderschaft, in der es angesagt ist, gemeinsam zu kämpfen und etwas zu erreichen? Ein „Gemeindetum", in dem es in erster Linie ums Sitzen in Kirchenbänken geht und darum, den Staus Quo zu erhalten, ist unmännlich. Und Männer überlassen dies dann ganz gerne den Frauen. Eigentlich sind sie nicht desinteressiert an Gott – und Gott ist umgekehrt auch an ihnen nicht desinteressiert –, aber die Struktur der gewachsenen Verwaltungs-Kirche ist weit davon entfernt, männergemäß oder gar gottgemäß zu sein. Sowohl die Männer als auch Gott sollen sich dort bitteschön den kirchlichen Gepflogenheiten und Vorgaben anpassen und stillsitzen! Auf diese Weise vermittelt sie Männern weder Vollmacht noch Bedeutung, und also ist sie vorwiegend langweilig und für das reale Leben irrelevant.

Eine Gemeinde, die Jesus tatsächlich Jesus sein lässt und ihn darum bittet, in ihrer Mitte *in aller Freiheit* der zu sein, der er ist, und zu tun, *was immer er will* – eine solche Gemeinde fällt ohne Frage sehr bald aus dem Rahmen der „allgemein anerkannten Konventionen" und wird „wild" und unberechenbar. Sie wird sehr bald *live* durch Himmel und Hölle gehen und jede Menge Erfahrungen mit Grenzen und Vollmacht machen. Und was will ein Mann mehr?

Jesus ist alles andere als ein Anpasser, Stillsitzer oder kirchlicher Verwaltungs-Fachmann. Wo er auftaucht, kommen die Elemente von Berührung und Bestimmung auf den Plan. Da wird die Gemeinde wieder verschworen und apostolisch. Wie könnten da Männer widerstehen?

Wie aber kann die Gemeinde so werden? Wie kann sie *radikal* umkehren zu Jesus? Viele Gruppen behaupten ja, sie täten genau das, und alles, was sie „glauben und lehren", sei zu 100 % „biblisch". Und doch sind sie nicht 100 % Jesus. Auch die Pharisäer und Schriftgelehrten in den Tagen Jesu behaupteten, 100 % biblisch zu sein, und erkannten Jesus weder an, noch folgten sie ihm. Nein, *sie töteten ihn*. Auch heute „tötet" die Gemeinde ganz wohlmeinend und mit 100 % biblischer Überzeugung sowohl Jesus als auch Männer, die sich von ihm berühren und bestimmen lassen. Wie kann das sein? Nun, wie konnte es denn damals mit den frommen Schriftgelehrten so weit kommen, dass sie den Sohn Gottes aus ihren Synagogen ausschlossen und töteten? Ganz einfach, er passte sich nicht ihrem System an, ordnete sich ihnen nicht unter und verwarf ihre heiligen Traditionen schlicht als Heuchelei. Wo er in ihren Synagogen auftauchte, brachte Jesus stets Aufruhr mit und störte die Liturgie. Der Gipfel war erreicht, als er mit einer Peitsche durch den heiligen Tempel zog und die Verantwortlichen bezichtigte, eine Räuberhöhle aus ihm gemacht zu haben!

Jesus war kein guter Kirchgänger. Er saß nicht still, hörte nicht andächtig zu und fiel ohne Ende aus dem Rahmen. Er war schlichtweg der Albtraum für jede „ordentliche" Versammlung und brachte die Gemeindeleitung zur schieren Verzweiflung. Genauso taten es „seine Männer". Dass dabei Menschen geheilt, gerettet und befreit wurden, weil Jesus mit Vollmacht kam und die Dämonen in helle Aufregung versetzte, war fürs fromme Establishment nicht wirklich wichtig. Wichtig war, dass alles unter

Kontrolle blieb und nach den von ihnen bestimmen Vorgaben (Tradition) ablief.

Jesus war nicht statisch, sondern dynamisch. Er war nicht gekommen, danach zu schauen, ob auch alles „richtig" läuft, sondern um „Leben zu bringen, und das im Überfluss". Jesus war ein Störfaktor für die *heilige Ordnung*, eine Anomalie, die korrigiert werden musste. Und so fühlen sich viele Männer heute in der Kirche. Als Störfaktor, der, wenn er auffiele, korrigiert werden müsste, was eine furchtbar peinliche Angelegenheit wäre. So machen sie die Heuchelei eben mit ... um des „lieben Friedens willen". Eigentlich sind sie von der Andacht gelangweilt, von der Routine der immer gleichen Abläufe ermüdet und von dem frommen Theater abgestoßen. Da aber die Gemeinde sich so große Mühe gibt, eben dies unerschütterlich aufrechtzuerhalten, sitzen sie eben freundlich lächelnd ihre „Christenpflicht" ab – nach dem Motto: so viel wie nötig und so wenig wie möglich.

In dieser Situation gibt es keine einfache Lösung – indem wir etwa dem Gottesdienst mit ein wenig kosmetischer Behandlung mehr Pepp geben und seinen Unterhaltungswert steigern. Es geht um eine wirkliche Revolution, eine *Überwindung* des Gewohnten und Gehabten. Wollen wir die Innigkeit und Intensität einer jesuszentrierten Gemeinde haben, wie sie zu Anfang existierte, müssen wir die Reset-Taste drücken und zum Punkt Null zurückkehren, einen neuen Anfang machen. Leicht gesagt, aber nicht leicht getan. Unsere Köpfe und Seelen sind voller jahrhundertealter Prägungen eines institutionalisierten und professionalisierten Kirchentums, welches Jesus so „zurechttheologisiert" hat, dass er nun endlich doch in unser System passt und von uns verwaltet werden kann. Zu seinen Lebzeiten haben die Pharisäer das trotz beachtenswertem Aufwand nicht hingekriegt und mussten ihn darum beiseite schaffen. Aber nach Jesu Himmelfahrt haben einige Jahrhunderte intensiver klerikaler Bemühung dann doch das Kunststück hinbekommen, Jesus in den Griff zu bekommen und vor den eigenen Karren zu spannen ...

Nein, diesmal muss die Umkehr zu Jesus radikal geschehen, das heißt, sie muss an die Wurzeln gehen und *unser gesamtes Gemeindekonstrukt ohne Vorbehalt an Jesus ausliefern.* Und dann wird Jesus das Entsetzliche und Schmerzliche tun, was wir so lange so angestrengt vermieden haben: Er wird sein Messer nehmen, unsere heiligsten Kühe (Traditionen) schlachten und scheinbar gar nichts von *unserer* Gemeinde übrig lassen, damit sie *seine* Gemeinde wird: voll von *seiner* Berührung und *seiner* Bestimmung. So unberechenbar, störend und aufregend wie Jesus eben ist. Ein Skandal und Affront für die „Schriftgelehrten" und ihre Synagoge – aber ein Magnet für Männer auf der Suche nach der verschworenen Gemeinschaft voller Innigkeit und Relevanz, die Jesus immer bildet, wenn man ihn lässt ...

Und Jesus sprach zu Levi: Folge mir nach! Und er stand auf und folgte ihm nach (Mk 2,14).

Nachgefragt

- Welche Vorstellungen verbindest du mit dem Begriff „Jüngerschaft"? Geht es um Leistung oder Beziehung? Was stellt deine Gemeinde sich darunter vor?

- Ein Jünger arbeitet mit Jesus zusammen. Wie sieht das bei dir aus? Kennst du Jesus gut genug, um mit ihm zusammenzuarbeiten? Kann er dir zeigen, was er tut?

- Ein Jünger wird man nur in der Gegenwart des Meisters. Wie kannst du deine Aufmerksamkeit für seine Gegenwart steigern? Was hilft dir dabei?

- Jüngerschaft ist das Einnehmen einer Haltung: Der freudigen und dankbaren Hingabe; das Einnehmen einer Haltung von Aufmerksamkeit und Empfänglichkeit mit Hochachtung und Sehnsucht. Wie geht es dir damit? Kannst du im Gebet Gott fragen, wie du darin Fortschritte erzielen kannst, und kannst du mit anderen über ihre Erfahrungen damit sprechen?

KAPITEL 9

Männerdämmerung

Die Beter segnen das erwachende Feld der Männer. Sie halten es Gott hin. Sie tanzen und singen. Sie sind angesichts der Öde trotzig fröhlich. Weder belehren noch beschimpfen sie den Boden. Sie jammern und klagen nicht über den desolaten Zustand. Sie achten nur darauf, selbst in einem anderen Zustand zu sein und in diesem das Feld zu umkreisen und zu berühren mit Worten und Gesten, die wie aus einer anderen Welt kommen, in der weder Depression noch Resignation herrschen, sondern Glaube, Hoffnung und Liebe. Es ist wunderbar und lehrt mich vieles über wahres Gebet. Es wird seine Zeit brauchen, aber ich bin gewiss, dass dieses Feld wieder fruchtbar werden wird und die Saat des Segens aufnimmt, um in Zukunft für viele ein Segen zu werden.

Da bemerke ich, dass in der Ferne Leute mit Arbeitsgeräten herbeikommen. Sie werden den Boden aufbrechen und umpflügen. Ich weiß, der Acker ist sich noch nicht sicher, ob er das verkraften kann, doch ist er bereit, **zu vertrauen,** *dass das, was an ihm geschehen wird, zu seiner Heilung und Wiederherstellung dient.*

Nun ist unsere „Reise" durch einige wenige, aber wichtige der revolutionären Worte der Bibel zu einigen wenigen, aber wesentlichen Bereichen unseres Lebens beendet. Sie endet nun nicht darum, weil es nicht viele weitere Themen und Fragen gäbe, die uns auf den Nägeln brennen, sondern weil dies genügen soll, dem Leser einen „Geschmack" zu geben von dem, worum es bei den Begriffen geistlicher „Transformation" und „Revolution" geht. Es sollen nicht nur Schlagworte eines kurzfristigen Modetrends sein, die Mann so schnell, wie sie aufkommen, auch wieder fallen lässt. Nein, es geht um etwas Grundsätzliches und Notwendiges: *um unsere ganz persönliche Erweckung*. Der Titel „Männerdämmerung" könnte auch „Männer-Erweckung" heißen. Sie kommt nicht von außen „über uns" Männer, sondern gestaltet uns von innen heraus um. Ich bin davon überzeugt, dass viele Männer wirklich neu auf den Geschmack gebracht werden müssen und dringend erkennen müssen, dass es im Christsein um wesentlich mehr und anderes geht, als etwa sonntags „brav" im Gottesdienst zu sitzen oder eine christliche Rolle zu spielen. Aus diesem Grund habe ich dieses Buch geschrieben.

In den letzten Jahren ist der Zustand der Männer im Westen bzw. den Industrienationen lang und breit durchanalysiert, besprochen und beklagt worden. Alle Analysten und Psychologen sind sich einig darin, dass die alten Rollenbilder endgültig zerbrochen sind, in denen einst das Verhalten von Männern und Frauen kulturell genau geregelt war, sodass sich alle daran orientieren und halten konnten. In der jetzigen Techno- und Tempo-Kultur muss Mann sich ständig selbst neu erfinden und eine Art Multi-Persönlichkeit entwickeln, die sich flexibel in ganz verschiedenen Szenen bewegen und ständig wechselnden Ansprüchen anpassen kann. Wie das genau gehen soll, weiß keiner, auch ich nicht. Es ist Männerdämmerung. Der Boden scheint sich unter unseren Füßen zu bewegen und unsere Welt in tausend Fragmente aufzulösen. Die statischen Systeme mit ihren starren Strukturen lösen sich auf und schreien geradezu nach einer neuen Ordnung, die dynamisch und fließend ist – eben lebendig.

Es geht um das Leben. Jesus geht es um das Leben. Ströme lebendigen Wassers sollen von uns fließen, wenn es nach ihm geht – und dies ist sowohl unsere wie auch Gottes Sehnsucht. In den Jahren der Männerarbeit, die hinter mir liegen, ist mir immer wieder das Phänomen begegnet, dass Männer gar nicht leben wollen. Selbst junge Männer waren so müde, hoffnungslos und gefangen in sinnloser Routine, dass sie sich nicht mehr sicher waren, ob sie überhaupt leben wollten. Die Statistik sagt, dass eine der Haupttodesursachen bei jungen Männern der Selbstmord ist. Unsere *erste Berufung* von Gott ist die, zu leben. Wir sollen leben! Ist der Wille zu leben geschwächt, geht das Vegetieren los. Die

Öde dringt immer weiter vor und verwandelt unser Leben in den fruchtlosen Acker, der in der Vision vom „Feld der Männer" beschrieben ist, die den Kapiteln dieses Buches abschnittsweise vorangestellt ist. Dies ist ein schrecklicher Zustand, an den aber meines Erachtens eine Menge Männer als ganz normal gewöhnt sind. Für die „Männerdämmerung" bzw. „Männererweckung" ist die Antwort auf die folgende Aufforderung Gottes von wesentlicher Bedeutung:

Ich rufe heute Himmel und Erde als Zeugen euch gegenüber auf: Das Leben und den Tod habe ich dir vorgelegt, den Segen und den Fluch! So wähle das Leben ... ! (5 Mo 30,19).

Soll ein neuer Tag für die Männer anbrechen, müssen sie das Leben noch einmal neu erwählen – mit ganzem Herzen, ganzer Seele, ganzer Kraft und ganzem Verstand (vgl. Mk 12,30). Bei den Männern läuft ein viel zu großer Teil ihrer gewohnten Lebens-Routine zu herzlos, seelenlos, kraftlos und ohne tiefere Erkenntnis ab. Das Ergebnis ist desaströs und schreit nach Erweckung – nach einem Aufbäumen gegen die Lethargie und einem Umsturz des „gepflegten Stillstandes" sowie der Halbherzigkeit, die einen Mann lähmt. Wenn das Leben egal wird, ist es verloren ... Dann ist alles vergebens. Gott ist der Gott des Lebens und der Lebendigen. Er will Männer aus dem geistlichen Tod auferwecken und sie eine Qualität von Leben schmecken lassen, die sie vorher nicht gekannt haben.

Beschäftigte sich die spärliche christliche Männerliteratur bis vor Kurzem eher damit, die unvermeidliche Auflösung und Verwandlung aufzuhalten – mit Büchern, in denen Männer mit Ratschlägen überhäuft wurden, „wie sie es richtig machen" –, kommen in letzter Zeit Bücher wie die des Autors John Eldredge auf den Markt, in denen es endlich einmal nicht ums TUN, sondern ums SEIN geht. Das finde ich sehr hoffnungsvoll. Denn Mann wird nicht richtig durchs Richtig-MACHEN, sondern Mann macht's richtig durch richtig SEIN. Wenn unser Tun nicht authentischer Ausfluss unseres Seins ist, dann ist es geheuchelt oder zumindest oberflächlich und kraftlos. Und von dieser Heuchelei bzw. Oberflächlichkeit und Kraftlosigkeit haben wir in christlichen

Kreisen so einiges kultiviert, damit wir nach außen ein besseres Image abgeben als es uns wirklich geht bzw. als es hinter den Kulissen tatsächlich aussieht. Hinter der Fassade steckt gerade bei den Männern eine Menge Verwirrung und Verirrung, wodurch unsere Glaubwürdigkeit als Gemeinde Christi in der Gesellschaft empfindlich untergraben wird. So viele Menschen neugierig in unsere Kirchen kommen, so viele wenden sich auch enttäuscht wieder ab.

Authentisches Handeln fließt aus authentischem Sein. Das Maß der Selbstentfremdung und Identitätslosigkeit hinter der Maske einer aufgesetzten Frömmigkeit ist bei vielen Männern jedoch völlig erschreckend. Charakter und Persönlichkeit scheinen Relikte einer vergangenen Zeit zu sein. Viele Männer antworten auf die Frage: „Wer bist du?" mit dem, was sie *tun*, z. B.: „Ich arbeite als Angestellter bei der Firma X." Das sagt aber gar nichts über ihre Person aus. Betrachten wir die Fülle an Aussagen, die Jesus in den Evangelien über sich selbst trifft, finden wir, dass eines der auffälligen Merkmale an ihm ist, dass er genau wusste, wer er war. Er hatte ein klares Selbstbewusstsein und war darum nicht leicht zu manipulieren oder zu korrumpieren und nicht dazu zu verleiten, sich selbst untreu zu werden. Dies machte ihn sehr „männlich" – nicht im Sinne ständiger Leistung, sondern im Sinne „kraftvoller Gelassenheit".

Weil Jesus war, wie er war, tat er, was er tat. Das eine war die logische Konsequenz aus dem anderen. Innen und außen stimmten überein. Das machte Jesus zu einem *ganzen* Mann. Heute sprechen wir in diesem Zusammenhang von „Integrität". Jesus war integer, d. h. er machte weder sich selbst noch Gott noch seinen Jüngern oder dem Volk etwas vor. Er schloss keine faulen Kompromisse mit den Pharisäern und ging einen geraden Weg bis zum Ende. Er war weder vom Beifall noch von den Schmähungen der Leute abhängig. Mann konnte ihm folgen – und das kann man heute immer noch. Ich kann nur jedem Mann ernsthaft raten, Jesus folgende Frage zu stellen: „Jesus, sag mir, wer bin ich eigentlich?" Ohne diese Frage gibt es keine Männerdämmerung, sondern nur eine fortdauernde „fromme Inszenierung", in der Männer versuchen, sich recht zu verhalten, ohne zu wissen, wer sie dabei eigentlich sind.

Von diesem Theater spricht der bekannte christliche Autor John Ortberg in seinem aufsehenerregenden Artikel „Die Gabe der Konfrontation", der vor ein paar Jahren in der Zeitschrift „Aufatmen" abgedruckt wurde.[1] Er zitiert darin den Psychologen Scott Peck, der sagt:

Das Kennzeichen der *Pseudogemeinschaft*, in der wir zumeist leben, ist die Vermeidung von Konflikten. Wir halten alles im grünen Bereich; wir sprechen in Verallgemeinerungen; wir sagen Dinge, denen die Menschen in unserem Umfeld zustimmen. Wir erzählen kleine Notlügen, damit keine Gefühle verletzt werden und damit es keine Spannungen gibt. Unsere Beziehungen bleiben angenehm und gut geschmiert. Gespräche werden sorgfältig gefiltert, damit sich nur niemand angegriffen fühlt; wenn wir verletzt oder ärgerlich sind, tragen wir Sorge dafür, es vor den anderen zu verbergen. Pseudogemeinschaft ist angenehm, höflich, „lieb" und träge – und letztlich tödlich.

Ehen können Jahrzehnte halten – manchmal ein Leben lang – und von außen sehr harmonisch wirken. Es gibt kaum Konflikte und Stürme. Aber tatsächlich leben Ehemann und Ehefrau in einer Pseudogemeinschaft. Sie sprechen über die Kinder, die Arbeit oder die Hypothek, aber die Gespräche bleiben oberflächlich. Sie haben seit Jahren nicht über ihre Einsamkeit oder ihren Schmerz gesprochen. Ihre sexuellen Wünsche und ihr Frust blieben unausgesprochen. Sie sind von ihrer Ehe und voneinander enttäuscht, aber keiner hat den Mut, darüber offen und ehrlich zu sprechen. So sterben sie jeden Tag ein Stückchen mehr.

Um über Pseudogemeinschaft hinauszukommen, müssen wir bereit sein, uns auf Chaos einzulassen. Chaos bricht aus, wenn jemand bereit ist, auch riskante Wahrheiten auszusprechen. Chaos ist unangenehm. Wenn wir uns im Chaos befinden, haben wir das Gefühl, die Kontrolle verloren zu haben. Nicht immer wird der Wahrheit zugestimmt, sehr oft wird sie bekämpft oder verärgert aufgenommen …

---

[1] *Aufatmen*. Ausgabe Winter 2003/2004, Bundes-Verlag, Witten.

Männer erkennen irgendwann – hoffentlich jedenfalls –, dass sie keine andere Wahl haben, als das Chaos nicht nur zuzulassen, sondern sogar ab und an zu ihrem Freund zu erklären. Denn das Chaos birgt in sich die Chance der Auflösung der alten und die Bildung einer neuen Ordnung bzw. Identität. Die alte Ordnung und das alte Selbstverständnis atmen auf allen Ebenen den Geist von „Pseudo", die neue atmet den Geist von Wahrheit bzw. Wirklichkeit. Die Aufgabe des Heiligen Geistes ist es, uns von „Pseudo" hinüber in die Realität zu führen. Das ist kein einfacher Weg. Es braucht dazu den Trost und Beistand des Geistes, denn der Trug ist viel umfassender, als wir meinen, und die Wahrheit ebenso.

Natürlich ist die Auflösung des Gewohnten mit nicht geringen Ängsten verbunden, verlieren wir doch, wie Peck sagt, die Kontrolle – zumindest vorübergehend. Aber ich bin davon überzeugt, dass der Heilige Geist ganz genau das erreichen möchte und auch erreichen muss, um uns zu verwandeln. Solange wir meinen, alles im Griff zu haben auf dem sinkenden Schiff und eisern festhalten, widerstehen wir jeglicher Veränderung und grenzen sie als etwas Feindliches aus. Erst wenn wir die Kontrolle verlieren, beziehungsweise merken, wie sehr wir uns damit selbst im Wege stehen, und loslassen, können wir den Gedanken zulassen, dass der gefürchtete Kontrollverlust eine pure Notwendigkeit ist, wenn wir über das Gewohnte und Gehabte hinauskommen wollen. Es gibt keine Erneuerung ohne eine Phase des Chaos, in der sich die scheinbaren Sicherheiten und Selbstverständlichkeiten auflösen und neue Verbindungen entstehen.

Immer mehr Männer erkennen, dass sie vor dem „Alles-richtig-Machen" erst einmal „richtig sie selbst" werden müssen. Es geht um Selbsterkenntnis und um Identität. Am Anfang einer männlichen Spiritualität steht nicht fromme Arbeit, sondern zunächst einmal, ein *Mensch* zu werden. Jesus war genau das: ein richtiger Mensch. Und er verwandelt Männer, die nur Karikaturen bzw. „Schatten" ihrer selbst sind, in wirkliche Menschen voller Menschlichkeit in männlicher Ausprägung. Er macht uns zu „Söhnen" Gottes.

Denn ihr habt nicht einen Geist der Knechtschaft empfangen, wieder zur Furcht, sondern einen Geist der Sohnschaft habt ihr empfangen, in dem wir rufen: Abba, Vater! (Röm 8,15).

Elternlose Kinder nennt man „Waisen"; sie bilden oft nur ein schwaches Selbstbewusstsein aus, werden von Selbstzweifeln geplagt und wissen nicht, wo sie hingehören. Das ist der Zustand vieler Männer heute. Sie stehen unter dem Einfluss eines Geistes der Waisenschaft, sind aber gerufen, den Geist der Sohnschaft zu empfangen, in dem sie Gott wirklich als Vater erleben können, der sie an seiner Seite haben will und sie persönlich kennt, liebt und erzieht. Das Gleichnis von der Heimkehr des verlorenen Sohnes in Lukas 15 ist wohl eine der rührendsten Geschichten der Bibel und zeigt wie kaum eine andere Stelle das Vaterherz Gottes: Er *wartet* dort auf seinen Sohn, ist *innerlich bewegt* von ihm, *fällt ihm um den Hals, küsst ihn, bringt ihm das beste Gewand* und *zieht es ihm auch noch persönlich an, schlachtet für ihn das gemästet Kalb,* und *veranstaltet eine große, fröhliche Feier.* Wow!

Wenn ein Mann Gott *so* erlebt, dann verwandelt er sich von einem Waisen in einen Sohn. Aber viele Männer erleben Gott so nicht und kennen auch niemanden, der ihn so erlebt. Ihre Vorstellung von Gott ist gänzlich unbiblisch – trotz der vielen Predigten, die sie gehört, und der vielen Gemeinde-Veranstaltungen, die sie womöglich schon besucht haben. Auch das Erleben ihres irdischen Vaters sah ganz anders aus – und so bleiben sie praktisch Waisen und begreifen die Erlösung zur Sohnschaft nicht. Diese ist aber von fundamentaler Bedeutung. Sowohl an den Aussagen Jesu über den Vater als auch an seinem Umgang mit den Jüngern, wie ihn die Evangelien sehr ehrlich beschreiben, ist das unschwer zu erkennen. Vorrangig müssen Männer durch Jesus zu einer *wirklichen* Beziehung zu sich selbst und zu Gott finden, bevor sie dann etwas Substanzielles anderen gegenüber zu sagen und beizutragen haben.

In vergangenen Zeitaltern benutzte man zur Beschreibung dieses Prozesses der inneren Wandlung und Progression das Wort „Initiation". Da gab es allerlei Methoden und Wege, einem Mann zu helfen, von einer Stufe der Reife und des Charakters auf eine andere zu gelangen. Männer, die selbst bewährt, weise und erfahren waren, wurden Mentoren für die jüngeren Männer und Begleiter ihres Weges. Heutzutage fehlen uns leider weitgehend sowohl die Mittel als auch die Mentoren. Ein befreundeter Pastor von mir fragte vor vielen Jahren einmal Gott im Gebet, wo denn die „geistlichen Väter" seien, die von den jungen Männern so dringend gebraucht würden. Die Antwort war: „Ich weiß, dass es keine gibt, werdet welche!" Das scheint mir eine wirklich typische Antwort von Gott zu sein, der auch auf komplexe Sachverhalte mit verblüffend wenigen Worten treffend Antwort gibt. Ein Mann muss sich und Gott fragen, wer seine Mentoren sind, d.h. wer ihm helfen kann, sein wahres Mensch-, Mann- und Sohnsein zu entwickeln.

Der Weg der Transformation und Revolution, den es für Männer mit dem Ziel, ihre eigene Wahrheit und Stärke zu erlangen, zu gehen gilt, ist eng verbunden mit dem Begriff „Durchbruch". Das Wort impliziert ein gewisses Maß an Gewalt. Ein Durchbruch geschieht schließlich nicht beiläufig und von alleine. Auch bei einer Geburt spricht man von Durchbruch – und ohne Blut und Schreien geht es dabei nicht ab. Der Geburtskanal ist eng. Mächtige Kräfte wirken auf das zu gebärende Kind ein. Erst wenn der Druck auf einen Mann enorm hoch geworden ist und er ächzt und schreit, steht ein radikaler Wechsel, eine echte Veränderung und „Geburt" von etwas Neuem bevor. Männer, die keine Lust mehr haben, Spielchen zu spielen, sondern die das Echte wollen, stoßen an Grenzen, wo sie sich schmerzlich des Umstandes bewusst werden, wie armselig sie eigentlich sind und wie groß doch ihr Hunger nach Realität und Leben ist. Die Verzweiflung, die diese Selbsterkenntnis auslöst, wird der Generator der notwendigen Dynamik für die Initiation, die einen Mann auf jene andere Ebene von Erfahrung katapultiert, nach der es ihn verlangt.

Etwas in einem Mann weiß intuitiv, dass es diese andere Ebene und Erfahrung gibt. Woher er das weiß? Wir mögen fragen, woher die Raupe eigentlich weiß, dass es Zeit ist, ihren bisherigen Zustand aufzulösen und sich in einen Schmetterling zu verwandeln. Sie weiß es einfach. Auch in einem Menschen weiß etwas, wann es Zeit ist, aufzubrechen und einen Prozess der Verwandlung zu durchlaufen. Eine nagende, nicht abzustellende Unzufriedenheit, eine überwältigende Leere und Sinnlosigkeit, chaotische Träume und Verzweiflungsattacken, begleitet von allen möglichen psychosomatischen Symptomen, können mögliche Anzeichen für eine anstehende und notwendige Transformation sein. Etwas tief in unserem Inneren schreit nach Veränderung – seltsamerweise auch dann, wenn scheinbar alles im Leben „ganz gut läuft". Sicher versuchen die meisten eine Zeit lang, diesen inneren Schrei zu ignorieren und die Symptome abzustellen, so gut es geht. Dann aber kommt der Punkt, wo das nicht mehr geht und die Männerdämmerung gekommen ist, wo alle Verwirrung und Kämpferei zu einem Ende kommt in einem lichten Moment völliger Klarheit darüber, dass jetzt entweder aufgebrochen wird, komme was da wolle, oder aber definitiv gestorben wird im Alten und im Pseudo.

Die Erfahrung zeigt, dass Männer oft erst dann „in die Gänge kommen", wenn es sozusagen um Leben und Tod geht. Dann, wenn es überhaupt nicht mehr anders geht, wenn sie lang genug in die Enge getrieben worden sind und irgendwann auch keine Lust mehr haben, sich zu bemitleiden, weil auch das schon wieder zur Gewohnheit und Routine geworden ist, dann wacht in ihnen der „Held" auf und sie stellen sich. Dies kann die Umgebung völlig überraschen, weil sie überhaupt nicht damit gerechnet hat. Auf einmal wachsen Männer über sich selbst hinaus, mobilisieren ungeahnte Kräfte, werden ehrlich bis auf die Knochen, geben zu, dass sie sich selbst verloren und Gott nie wirklich erkannt haben, und riskieren den Konflikt mit dem System der Pseudo-Frömmigkeit. Sie sind bereit, die „Götterbilder" zu zerbrechen und in die Wüste zu gehen, um dem *wirklichen* Gott zu begegnen – *um jeden Preis*. Das macht sie in meinen Augen zu Helden. Sie nehmen das Chaos und mögliches Unverständnis ihrer Umgebung auf sich, um aufzuhören, sich selbst zu verraten und an einen billigen Scheinfrieden zu verkaufen, wo oberflächlich gesehen alles geregelt ist, aber unter der Decke gar nichts stimmt. Auch wenn bei diesem „Aufstand" fraglos viele Fehler gemacht werden und auch Verletzungen nicht ausbleiben werden, ist es am Ende besser so, als wenn weitergeschlafen wird und Männer Waisen bleiben.

Ich mache Männern Mut, die Destabilisierung und Verwirrung in ihrem Leben nicht mit allen Mitteln zu bekämpfen und zu bejammern oder zu ignorieren und zu vermeiden, *sondern zu nutzen*, um aus jeder Scheinheiligkeit und Pseudo-Männlichkeit aufzubrechen und neu geboren zu werden in Wahrheit und Lebendigkeit. Das erste Licht eines neuen Tages ist am dunklen Horizont zu sehen. Der Morgenstern ist schon aufgegangen.

Erforsche mich, Gott, und erkenne mein Herz; prüfe mich und erkenne, wie ich's meine. Und sieh, ob ich auf bösem Wege bin, und leite mich auf ewigem Wege (Ps 139,23-24).

Nachgefragt

In Anlehnung an das „G.R.O.W.-Modell" von John Whitmore[2] („grow" ist englisch und bedeutet „wachsen") stellen sich folgende Fragen:

1. **G**OAL: Wo will ich hin?

Welches kurzfristige, mittelfristige und langfristige Ziel setze ich mir nach der Lektüre dieses Buches?

2. **R**EALITY: Wo stehe ich?

Was ist meine derzeitige Position, mein Ausgangspunkt in Sachen „Transformation" und „Revolution"?

3. **O**PTIONS: Welche Möglichkeiten habe ich?

Welche Ressourcen stehen mir zur Verfügung? Welche Möglichkeiten bietet mir meine Gemeinde? Wie werde ich mich weiter mit der Materie beschäftigen? Wer hilft mir?

4. **W**ILL: Was will ich praktisch als Nächstes angehen?

Was werde ich wann, wie, mit wem umsetzen? Welche Entscheidungen treffe ich?

---

[2] John Whitmore, *Coaching für die Praxis*, Heyne, München, 1997.

NACHWORT

Von Zeit zu Zeit landen unaufgefordert Buchmanuskripte bei mir. Da ich Frank Krause bereits als Autor einiger Texte in unserem Männermagazin „Adam online" kannte, sah ich mir sein Manuskript gerne näher an. Ich konnte es kaum wieder aus der Hand legen und las es in einem Zug durch – es hatte mich gepackt.

Auch Sie sind nun am Ende der „Männerdämmerung" angekommen – es sei denn, Sie gehören zu denjenigen, die das Nachwort zuerst lesen ;-) So oder so: Das Ende kann eigentlich nur der Anfang sein. Das Buch zu lesen und es damit zu beenden, kann eigentlich nicht in der Absicht des Verfassers liegen. Schon das treffend gewählte Wort „Männerdämmerung" lässt uns erahnen, dass es darum geht, dass etwas Neues beginnt, dass uns „etwas aufgeht". Aber es könnte noch um viel mehr gehen: dass wir nicht nur Neues erkennen, sondern dass wir selbst neu werden.

Wenn ich den Autor richtig verstanden habe, geht es ihm nicht darum, uns nur einige neue Erkenntnisse oder Sichtweisen zu präsentieren. „Männerdämmerung" will uns herausfordern, provozieren, uns aus der Komfortzone herauslocken. Das ist – zugegeben – erst einmal unbequem. Aber es wäre zu schade, dieses Buch nur zu lesen, sich ein paar Gedanken darüber zu machen und es anschließend ins Bücherregal zu stecken.

Ist denn alles richtig, was in dem Buch steht? Falsche Frage! Ich glaube, es geht hier nicht so sehr um Falsch und Richtig, sondern darum, dass wir Männer uns in Bewegung setzen (lassen). Wenn wir dabei auch auf den Autor zugehen und nachhaken, ihn vielleicht sogar stellenweise in Frage stellen, kann das aus meiner Sicht völlig in Ordnung sein. Das Buch ist keine Dogmatik und sollte auch nicht so gelesen werden! Eigentlich halte ich das Buch für ein „spirituelles Praxisbuch für Männer".

Dazu gehört, dass man – wie so üblich bei Bedienungsanleitungen – nicht alles sklavisch übernimmt und nachmacht, sondern kritisch-konstruktiv damit umgeht und seinen eigenen Weg findet, die Theorie in die Praxis umzusetzen. Das Ziel aber ist letztlich die Praxis. Wer liest schon eine Bedienungsanleitung, nur um sie gelesen zu haben?

Ich möchte Ihnen empfehlen, folgende Vorgehensweise mal auszuprobieren:

Nachdem Sie das Buch jetzt durchgelesen haben, gehen Sie es mal Kapitel für Kapitel noch einmal durch und fragen Sie sich: Was könnte das konkret für mich und meine Situation bedeuten? Wenn Sie Zweifel daran haben, ob das stimmt, was der Autor so schreibt, überprüfen Sie es! Sie könnten die Bibeltexte noch einmal im Zusammenhang lesen, Sie könnten einmal ausprobieren, sich auf die in dem Buch beschriebenen Transformationsprozesse einzulassen, Sie könnten beginnen, ein „Revolutionär" zu werden. Noch besser könnte es sein, dies nicht alleine zu tun, sondern zusammen mit anderen Männern oder einem Freund.

Wichtig dabei finde ich, nicht zu viel selbst zu machen, nicht schon wieder religiös-leistungsorientiert an die Sache ranzugehen, sondern sich vor allem Gott auszusetzen. Echte Transformation können wir nicht selbst produzieren, sie geschieht auch nicht einfach „von innen her", sondern sie ist eine Wirkung des Heiligen Geistes. Ob wir uns diesem Geist Gottes aussetzen – voll und ganz – oder lieber selber die Kontrolle behalten, das liegt allerdings an uns. „Männerdämmerung" könnte uns dabei helfen, aufs Ganze zu gehen …

Emmerich Adam,
Herausgeber des Männermagazins „Adam online"
(www.adam-online.de).

Kontakt zum Autor:

Frank Krause
mail@hisman.de
www.hisman.de
(Hier finden sich auch Buchempfehlungen zum Thema)

Weitere Produkte von GloryWorld-Medien

„Kirche nach dem Herzen Gottes"

Frank Krause, Hirtenherz

Eine himmlische Vision; 120 Seiten, Paperback

Das Buch beschreibt das Abenteuer einer tiefen Begegnung des Autors mit dem dreieinigen Gott. Die Frage nach der „wahren Hirtenschaft" hat ihn in diese Begegnung getrieben, nachdem er durch seine eigenen Erfahrungen im pastoralen Dienst eher desillusioniert war.

Wie immer, wenn Menschen Gott tief begegnen, werden sie zunächst selbst verändert, so auch der Autor. Und dann kann ihm Gott Schritt für Schritt seine Perspektive, sein Herz offenbaren, was seine Beziehung zu uns, unsere Beziehung zu ihm, Hirtenschaft, Gemeindeleben und andere spannende Themen angeht. Lassen Sie sich mit hineinnehmen ins Hirtenherz Gottes.

Frank Krause, Haus des Gebets

Eintreten in das Mysterium Gottes; 120 Seiten, Paperback

Gebet ist so viel mehr …

Gebet – so beschreibt es der Autor – ist wie der Eintritt in ein Haus, in dem Gott wohnt, in dem der Vater auf seine Kinder wartet, in dem unsere tiefsten Sehnsüchte gestillt werden.

Gehen wir hinein, werden verwandelt – zu denen, die wir wirklich sind. Dies ist ein Prozess, und der Autor beschreibt ihn so detailliert, dass es dem Leser möglich wird, zu sehen, wo er sich auf dem Weg befindet und wie er weiterkommt.

Marco Gmür (Hrsg.)
Väter und Mütter, die die Welt prägen

Reihe: Ein apostolisches Volk steht auf (Band 1); 208 S., Pb.

Ein apostolisches Volk … Das hatte Jesus vor Augen, als er seinen Nachfolgern den Auftrag gab, alle Nationen zu Jüngern zu machen. Im Kern besteht ein solches Volk aus apostolischen Familien und Großfamilien, die durch Herzensbeziehungen miteinander verbunden sind.

Apostolische Familien wiederum entstehen dadurch, dass geistliche Väter und Mütter bereit sind, dem biblischen Grundauftrag zu gehorchen und sich an Einzelne hinzugeben, bis diese selbst fähig sind, geistliche Familien zu gründen. Die Folge ist eine apostolische Bewegung, in der sich das Vaterherz Gottes fortpflanzt.